Charles Darwin – ein Leben
Autobiographie, Briefe, Dokumente

Herausgegeben von Siegfried Schmitz
Mit 11 Abbildungen

Deutscher
Taschenbuch
Verlag

Übersetzung der ›Erinnerungen an die Entwicklung meines Geistes und Charakters‹ (Autobiographie) von Rolf Feurich, durchgesehen vom Herausgeber; die Übersetzung der Briefe und Dokumente besorgte der Herausgeber.

Originalausgabe
April 1982
© 1982 Deutscher Taschenbuch Verlag GmbH & Co. KG,
München
© ›Erinnerungen an die Entwicklung meines Geistes und Cha-
rakters‹ 1959 by URANIA-VERLAG Leipzig · Jena ·
Berlin, 701 Leipzig, Salomonstraße 26–28, DDR
Umschlaggestaltung: Celestino Piatti
Gesamtherstellung: C. H. Beck'sche Buchdruckerei,
Nördlingen
Printed in Germany · ISBN 3–423–01775–9

Das Buch

Die autobiographischen Erinnerungen des englischen Naturforschers Charles Darwin (1809–1882) sind eines der bedeu-
tendsten wissenschaftsgeschichtlichen Dokumente, die uns aus
der Geburtsstunde der modernen Evolutionstheorie, die das
biologische Weltbild so nachhaltig veränderte, überliefert sind.
Für die Beschäftigung mit der Persönlichkeit Darwins stellen
sie eine der wesentlichsten Quellen dar. In der Hauptsache sind
die ›Erinnerungen an die Entwicklung meines Geistes und Charakters‹ 1876 niedergeschrieben worden. Nachträge und Ergänzungen fügte Darwin 1878/1879 ein; die letzten Abschnitte
stammen aus dem Jahr 1881. Bis nahe an seinen Tod im April
1882 hatte Darwin seine Biographie geführt, die Entwicklung
seines Charakters in ethischer und geistiger Hinsicht beobachtet, seine Einstellung zur Religion, zur Kunst oder zur Literatur
aufmerksam reflektiert. Ebenso aufschlußreich sind die
Abschnitte über seinen Vater und seine Geschwister sowie seine
Charakteristiken zahlreicher angesehener Gelehrter und Persönlichkeiten seiner Zeit.
Ergänzt werden die ›Erinnerungen‹ durch ausgewählte Briefe,
vor allem an in- und ausländische Wissenschaftler und Naturforscher, durch Materialien zur Person Darwins und durch ein
Vorwort des Herausgebers, das die Persönlichkeit und die wissenschaftliche Leistung Darwins würdigt.

Der Herausgeber

Dr. Siegfried Schmitz, geboren 1931, war nach der Promotion
mehrere Jahre als Redaktionsleiter und Verlagslektor tätig und
arbeitet seit 1970 als freier Schriftsteller und Übersetzer (Sach-
buch und Belletristik). Sein Hauptinteresse gilt der populären
Zoologie und der Kulturgeschichte des Mensch-Tier-Verhält-
nisses. Veröffentlichungen: »Tiere kennen und verstehen«
(1974), »Die Schnecken- und Muschelsammlung« (1976), mehrere Bücher und Aufsätze auf dem Gebiet der Heimtierkunde
sowie fünf Anthologien.

Inhalt

Vor hundert Jahren, am 19. April 1882, starb in einem Dörfchen südöstlich von London der greise Naturforscher Charles Robert Darwin. »Ich fürchte mich nicht im geringsten vor dem Sterben«, waren die letzten Worte, die von ihm überliefert sind. Dieser sanfte Tod in einer ländlichen Idylle, im Kreise seiner Familie war das undramatische Ende des beinahe ebenso undramatischen Lebens eines Mannes, der, fast wider Willen, aus seiner Abgeschiedenheit heraus im Jahre 1859 die Welt erschüttert und ein seit Menschengedenken für unzerstörbar gehaltenes Weltbild zertrümmert hatte. Darwins Waffe, die dies bewirkte, war indes kein aufrüttelndes politisches Manifest wie das seines Zeitgenossen Karl Marx, sondern nur ein schwerverdauliches, 500 Seiten starkes naturkundliches Werk mit dem präzisen wie abschreckenden Titel: ›On the Origin of Species by Means of Natural Selection, or the Preservation of Favoured Races in the Struggle for Life‹.

Dieses eine Buch, obwohl an wissenschaftlicher Akribie und stilistischer Kraft seinen zahlreichen anderen Publikationen kaum überlegen, rückte den zurückgezogen lebenden Privatgelehrten aus dem selbstgewählten Eremitendasein ins Licht des Tagesstreits und stempelte ihn zu einem Revolutionär, der er nicht war und gewiß nicht sein wollte. Er hatte nicht beabsichtigt, aber lange geahnt und befürchtet, daß die ganz und gar unprätentiöse Verkündigung der von ihm erkannten Wahrheit einen solchen Skandal heraufbeschwören würde. Und seine Wahrheit, die inzwischen längst zu einer allgemeingültigen Wahrheit geworden ist, war die Einsicht, daß das Leben von den Urorganismen bis zum Homo sapiens, dessen Spitzenposition von Darwin nie in Frage gestellt wurde, eine stammesgeschichtliche Entwicklung, eine Evolution, durchgemacht hat; daß die Lebensformen, deren biologische Grundeinheiten wir seit Linné als Species oder Arten aufzufassen gewohnt sind, nicht irgendwann in einer unveränderlichen Gestalt aus der Hand eines Schöpfers hervorgegangen sind, sondern sich unter dem Druck der Selektion, der natürlichen Auslese der am besten angepaßten, unablässig verändern, freilich in unüberschaubar langen Zeiträumen, die sich nach Jahrmillionen bemessen.

Aus heutiger Sicht fragt man sich, warum eine solche »organische« Evolutionslehre, die uns beinahe so selbstverständlich und einleuchtend erscheint wie ein Axiom, erst so spät formuliert wurde und zunächst auf so viel Widerstand stieß. Die Antwort auf beide Fragen läßt sich auf eine gemeinsame Ursache zurückführen, die man als emotionale Sperre oder ideologische Hemmung bezeichnen könnte: das christlich geprägte Denken des Abendlandes. Der Entwicklungsgedanke an sich ist uralt; er taucht schon bei antiken Denkern und Dichtern wie Anaximander, Heraklit, Aristoteles und Lukrez auf, wurde dann aber durch die wörtlich genommene christliche Schöpfungslehre für mehr als anderthalb Jahrtausende blockiert. Erst im 18. und 19. Jahrhundert kam er wieder auf, bei dem heute vergessenen Caspar Friedrich Wolff, bei Kant, Goethe und Newton, bei Geoffroy Saint-Hilaire, Buffon und vor allem bei Jean Baptiste de Lamarck, der in seiner ›Philosophie zoologique‹ (1809) die Wandelbarkeit der Arten mit einem inneren Vervollkommnungstrieb der Lebewesen, mit der funktionellen Umweltanpassung und der Vererbung individuell erworbener Eigenschaften zu erklären versuchte – eine Auffassung, die Darwin als »Lamarckschen Unsinn« verwarf und die auch von der modernen Wissenschaft allenfalls partiell bestätigt worden ist. Sogar in seiner eigenen Familie konnte Darwin einen Verfechter der Entwicklungsidee finden: seinen genialischen Großvater Dr. Erasmus Darwin, der in seinem etwas wirren dreibändigen Werk ›Zoonomia‹ (1794–1796) eine »Faser« als Keimzelle alles Lebendigen beschrieben hatte. Doch alle diese Vordenker vermochten einem Phänomen nicht wirklich beizukommen, das auf der Hand zu liegen schien. Und man darf außerdem nicht übersehen, daß trotz manchen neuen Ansätzen die maßgeblichen Naturwissenschaftler aller Länder noch in der ersten Hälfte des vorigen Jahrhunderts eine festgefügte Phalanx bildeten, die das biblisch begründete Prinzip der Naturschöpfung und der Artkonstanz, also der Unveränderlichkeit der einmal geschaffenen Lebensformen, als unantastbar verteidigten.

Charles Darwin kommt somit ein doppeltes Verdienst zu: Zum einen gelang es ihm, diese Phalanx der Uneinsichtigkeit endgültig aufzubrechen, und zum andern legte er als erster eine in sich schlüssige, durch Tatsachenmaterial und Experimente abgestützte Darstellung des Evolutionsgeschehens vor. Daß diese Darstellung in den folgenden Jahrzehnten ständig modifiziert und ergänzt werden mußte, sei nicht verschwiegen, mindert aber nicht ihre grundsätzliche Richtigkeit. Eine solche epochale Leistung, die der Begründung des heliozentrischen Weltsystems durch Kopernikus, Kepler und Galilei an Bedeutung nicht nachsteht, war nur möglich, weil Darwin eine außergewöhnliche Beobachtungs- und Kombinationsgabe, britischen Wirklichkeitssinn und beharrlichen Fleiß, geistige und wirtschaftliche Unabhängigkeit in sich vereinte – und weil er, gedrängt von seinen nächsten Freunden und seinem eigenen selbstquälerischen Wahrheitsstreben, schließlich den Mut aufbrachte, mit seiner Theorie an die Öffentlichkeit zu treten. Zwei Jahrzehnte, seit der Heimkehr von der Forschungsreise an Bord der »Beagle« (1831–1836), die für ihn ein prägender Anschauungsunterricht in der Werkstatt der Evolution gewesen war und sein Nachdenken über die Probleme des Artwandels ausgelöst hatte, arbeitete er an seiner weltverändernden Idee. In diesen langen Jahren sammelte und überdachte er systematisch alles einschlägige Material, und schon 1842 kritzelte er heimlich einen ersten »ganz kurzen Abriß« seiner Theorie mit Bleistift auf Manuskriptblätter, die sein Sohn Francis erst 1896 unter der Kellertreppe von Down House entdeckte, wo sie sein Vater versteckt hatte. Als sich Darwin 1844 aufraffte, diese Urfassung zu einem »Essay« zu erweitern, plagten ihn womöglich noch größere Skrupel. »Es ist wie das Eingeständnis eines Mordes«, schrieb er am 11. Januar 1844 an seinen Freund Joseph Dalton Hooker – eines Mordes, so darf man wohl ergänzen, am Gott der Genesis, am Gott seiner frommen Ehefrau Emma, am Gott seiner Lehrer und Kollegen und seines gesamten viktorianisch-bürgerlichen Milieus.

Darwin muß unter der Last seines Wissens mehr gelitten haben, als er sich selbst eingestehen wollte. Man geht sicherlich nicht zu weit, wenn man sein vorzeitiges Altern und die periodisch wiederkehrenden Anfälle seiner schwer bestimmbaren Krankheit als äußere Zeichen seines inneren Zustandes interpretiert, seiner Selbstzweifel, seiner religiösen Bedenken, seiner fast pathologischen Öffentlichkeitsscheu und seines Außenseiterkomplexes, ohne naturwissenschaftliche akademische Ausbildung in der Gelehrtenwelt nicht voll anerkannt zu werden. Um sein Gewissen zu entlasten, beschäftigte er sich intensiv mit unverfänglicheren Dingen, mit Korallenriffen, Vulkaninseln und Rankenfußkrebsen, aber alle seine Studien, Naturbeobachtungen und Experimente führten ihn immer wieder zum Kernproblem der Entstehung und des Wandels der Arten zurück. In der

Abgeschiedenheit von Down House trug er alle erreichbaren Fakten zusammen, und dort spann er sein dichtes Fadennetz, das einerseits die in der Natur und Literatur auffindbaren Belege für seine Theorie einfing und andererseits eine Vielzahl von anerkannten botanischen, zoologischen und paläontologischen Experten einbezog, bei denen er Rat, Bestätigung, Widerspruch und Auskünfte in unzähligen Einzelfragen suchte.

Selten ist ein Wissenschaftler bei der Ausarbeitung einer neuen Hypothese behutsamer und gewissenhafter vorgegangen als Darwin, und dennoch ließ ihn das Gefühl des Ungenügens und der »Vermessenheit« nicht los. Vielleicht wäre sein Hauptwerk gar ungeschrieben geblieben, hätte er nicht am 18. Juni 1858 einen Brief des aufstrebenden jungen Forschers Alfred Russel Wallace aus Südostasien erhalten, zusammen mit einem handschriftlichen Aufsatz über das Thema Evolution und Selektion, in dem Darwin eine »verblüffende Übereinstimmung« mit seinen eigenen Gedankengängen erkannte, wie er noch am selben Tag voller Bestürzung dem in sein Geheimnis eingeweihten Freund Charles Lyell mitteilte. Hatte sich Darwin durch sein Zaudern selbst in eine Sackgasse manövriert? War die mühselige Arbeit von zwanzig Jahren umsonst gewesen?

Lyell und Hooker sorgten im Einvernehmen mit Wallace dafür, daß durch die gleichzeitige Bekanntmachung von Wallaces und Darwins Thesen der Prioritätsanspruch des Älteren gewahrt blieb – eines der schönsten Beispiele für Fairness unter Gelehrten in der gesamten Wissenschaftsgeschichte. Darwin und Wallace blieben Freunde, die einander respektierten und auch später voneinander profitierten. Nach der Veröffentlichung seiner Grundthesen, die merkwürdigerweise kaum Beachtung fanden, war Darwin gezwungen, sein »großes Buch« endlich fertigzuschreiben. Es erschien am 24. November 1859 und wurde ein überwältigender Erfolg: Am Abend waren die 1250 Exemplare der ersten Auflage bereits verkauft.

Charles Darwin, zugleich erschrocken und befriedigt über den »Mord«, den er am Ende doch begangen hatte, den er um der Wahrheit willen begehen mußte, zog sich wieder zurück. Halb belustigt, halb resigniert beobachtete er aus der Distanz die erbitterten Kämpfe, die sich um sein Buch entspannen. Die Attacken der Ignoranten ließen ihn ziemlich kalt, doch die verständnislose Intoleranz, die er selbst bei einigen seiner ehemaligen Freunde wahrnahm, schmerzte ihn, und die Siege, die seine treuesten Anhänger, allen voran der brillante Thomas Henry

Huxley in England und der manchmal allzu forsche Draufgänger Ernst Haeckel in Deutschland, für ihn erfochten, freuten ihn nur mit Maßen; er hatte sich so viel Aufregung um seine Person und sein Werk nicht gewünscht. Seine zunächst anrüchige und schließlich unumstrittene Berühmtheit stieg ihm nicht zu Kopf, veränderte sein Leben kaum. Er wandte sich anderen, vor allem botanischen Forschungsgegenständen zu und arbeitete mit der Zuverlässigkeit eines Uhrwerks, das nur zuweilen aus Gesundheitsgründen vorübergehend aussetzte, unermüdlich weiter bis zu seinem Tode. Der Leichnam des Mannes, der einmal Pfarrer werden wollte und als Ketzer endete, wurde am 26. April 1882 in der Westminster Abbey, dem Nationalheiligtum und Ruhmestempel der Briten, feierlich beigesetzt. Eine solche Ehrung durch Staat und Staatskirche überdeckt einen gewissen ironischen Widerspruch, doch sie bezeugt jedenfalls, daß Darwins Leistung bei seinem Tode bereits allgemein anerkannt war und daß das offizielle England spürte, was die Nation, was die Welt in diesem großen Forscher und großen Menschen verloren hatte.

Der vorliegende Band ist ein Versuch, den Menschen und weniger den Wissenschaftler Charles Darwin anhand von Selbstzeugnissen und zeitgenössischen Dokumenten zu porträtieren. Ein solcher Versuch muß fragmentarisch bleiben, weil auf der Palette, die uns zur Verfügung steht, die tiefen kräftigen Farbtöne wie die Glanzlichter weitgehend fehlen. Woran das liegt, wurde bereits angedeutet, bedarf aber noch einer näheren Begründung.

Auf Darwin trifft zu, was häufig nur als wohlmeinende Leerformel verwendet wird: Er hat sein Leben ganz in den Dienst der Wissenschaft gestellt. Seit der ersten biologischen Exkursion, die er als halbherziger Theologiestudent mit seinem Lehrer Professor Henslow unternahm, und erst recht seit seiner Forschungsreise an Bord der »Beagle« war er dermaßen besessen und ausgefüllt von dem Drang nach Naturerkenntnis, daß sein Privatleben, so reich und vielseitig es auch war, zu einer bloßen Folie seiner wissenschaftlichen Existenz verblaßt. Nur selten und eher widerwillig hat er sich zur eigenen Person geäußert. Und das Memoirenschreiben, das im England des 19. Jahrhunderts eine so beliebte Betätigung der Prominenten war, lag ihm nicht, wäre mit seinem uneitlen, verschwiegenen Charakter unvereinbar gewesen. Der Öffentlichkeit Erkenntnisse, nicht

Bekenntnisse vorzulegen, betrachtete er als seine alleinige Aufgabe.

Dennoch haben sich von Darwin autobiographische Aufzeichnungen erhalten, die freilich – ganz im Sinne des oben Gesagten – nicht zur Veröffentlichung, sondern nur für den Hausgebrauch bestimmt waren. Es sind gewissermaßen Beiträge zur Familienchronik, nicht mehr und nicht weniger. Immerhin hatten die verstreut lebenden Nachkommen (von den insgesamt zehn Kindern des Ehepaars Charles und Emma Darwin haben sieben ihre Eltern lange überlebt) einen Anspruch darauf,

Charles Darwin

etwas Genaueres über die Lebensgeschichte ihres inzwischen weltberühmten Vaters zu erfahren.

Charles Darwin hat diese ›Erinnerungen an die Entwicklung meines Geistes und Charakters‹, ein Musterbeispiel englischen Understatements, im wesentlichen 1876 niedergeschrieben; einige Nachträge fügte er in den Jahren 1878/1879 und noch 1881 ein. So ist zwar eine fast bis zum Lebensende reichende Selbstdarstellung entstanden, aber kein druckreifes Manuskript. Allein der stellenweise allzu subjektive, spontane und unbekümmerte Stil des Textes hätte den Verfasser, der in all seinen Publikationen so angestrengt um wissenschaftliche Objektivität und sprachliche Prägnanz bemüht war, davon abgehalten, das Manuskript zum Druck freizugeben, verleiht ihm aber gerade in unseren Augen einen so eigentümlichen, spröden Reiz.

Als Francis Darwin die Selbstbiographie des verehrten Vaters in seine 1887 erschienene dreibändige Dokumentation ›Life and Letters of Charles Darwin‹ einflocht, hatte er offensichtlich große Bedenken, was sich schon daran zeigte, daß er, teils aus eigenem Ermessen, teils auf Drängen seiner Mutter und seiner Geschwister, eine Reihe von Passagen wegließ, die ungefähr ein Siebtel des Gesamttextes ausmachen. Es handelte sich dabei vorwiegend um persönliche oder allzu polemische Äußerungen, die damals, nur fünf Jahre nach Darwins Tod, hätten Anstoß erregen können. Die pietätvoll gereinigte Fassung wurde in England noch zweimal nachgedruckt, 1929 und 1950. Erst 1958 legte Darwins Enkelin Nora Barlow den nach der Handschrift emendierten vollständigen Text der Autobiographie vor, der 1959 im Urania-Verlag, Leipzig und Jena, auch auf deutsch erschien. Diese von Rolf Feurich besorgte Übersetzung wurde für die vorliegende Ausgabe übernommen und vom Herausgeber durchgesehen und anhand des Originals überprüft.

In seiner summarischen Selbstbiographie berichtet Darwin über die wichtigsten Etappen seines Lebens, wobei er allerdings die Akzente recht eigenwillig setzt: Kleine Begebenheiten, besonders aus der Jugendzeit, malt er vielfach genußvoll aus, während er große Ereignisse gern mit kargen Worten abtut, als scheue er sich, zuviel Aufhebens von sich selbst zu machen. Nur gelegentlich gestattet er sich den Ausdruck eines verschämten Stolzes, wenn er auf seine Leistungen und Erfolge zu sprechen kommt.

Die »innere« Biographie bleibt fast gänzlich ausgespart; selbst seinen Kindern mochte Darwin seine geheimen Seelenregungen und Gedanken nicht offenbaren. Mit einer undurchdringlichen Hülle schien sich der alte Herr umgeben zu haben, einer Hülle, die nicht aus Schwäche oder Angst vor Indiskretionen, sondern aus souveräner Weisheit, Gelassenheit und Selbstkontrolle gewoben ist. Nur an einer Stelle wird die Hülle vehement durchstoßen: Mit ungewöhnlichem Freimut und Bekennerdrang äußert sich der Autor hier über sein kritisches, ja negatives Verhältnis zur Offenbarungsreligion. Diese Aussagen, in denen Darwin ungeschützt und schonungslos die persönliche Konsequenz aus seinen wissenschaftlichen Erkenntnissen und seiner praktischen Lebenserfahrung zieht, müssen damals wie ein Schock gewirkt haben (und wurden deswegen auch von Francis Darwin entsprechend beschnitten), und sie haben bis heute kaum etwas von ihrer Brisanz verloren, weil der alte Widerspruch zwischen Glauben und Wissen noch immer nicht befriedigend gelöst werden konnte. Darwin verzichtet auf eine theologisch spitzfindige Argumentation und führt das ihn sichtlich bedrückende Problem auf seinen subjektiven, menschlichen Kern zurück. Seine schlichten, vielleicht sogar naiven Auslassungen sind Ausdruck einer heftigen unmittelbaren Betroffenheit und gerade deshalb so überzeugend selbst für den, der um Einwände nicht verlegen wäre.

Die Charakterisierung der an Fakten reichen und an Konfessionen armen Autobiographie läßt sich auch auf Darwins Briefe anwenden. Er hat zwar in seinem langen Leben sehr viele und teilweise sehr umfangreiche Briefe geschrieben, aber darunter finden sich nur ganz wenige Privatbriefe. Das hat seinen Grund einesteils darin, daß Darwin sehr selten von seiner Frau und seiner Familie getrennt war – die Geborgenheit von Down House verließ der einstige Weltumsegler eigentlich nur noch für einzelne Kuraufenthalte und Verwandtenbesuche –, anderenteils in seiner notorischen Zurückhaltung in allen persönlichen Belangen.

Darwin korrespondierte ausgiebig mit führenden Gelehrten in England und im Ausland, doch dabei handelt es sich fast ausschließlich um wissenschaftliche Dialoge, um die Erörterung von neuen Thesen und Forschungsergebnissen, um die Klärung von strittigen Details und die Verifizierung von Einzelbefunden. Für Gefühlsergüsse ist in diesen Briefen kaum Platz; nach ein paar beinahe stereotyp klingenden Einleitungssätzen kommt Darwin stets unvermittelt zur Sache. Die Sache interessierte ihn, das Konkrete, Definierbare und Verwertbare, nicht so sehr die Person. Und doch entsteht, wenn man Darwins »sachliche« Briefe liest, nie der Eindruck von Kälte oder menschlichem Desinteresse. Das ist wohl das Geheimnis seiner Persönlichkeit: daß er sich gleichsam blindlings, ohne große Worte, mit seinen Partnern versteht, auch wenn er sie nie persönlich kennengelernt hat. Darwins wissenschaftlicher Briefwechsel ist damit zugleich das Spiegelbild einer intakten, humanen Gelehrtenrepublik, in der über alle Grenzen hinweg ein die gemeinsame Sache fördernder Austausch von Gedanken und Meinungen möglich war.

Diese Eindrücke können die hier mitgeteilten Briefe, Briefauszüge und Dokumente andeutungsweise vermitteln. Vor allem jedoch ging es darum, aus der Fülle des Materials die seltenen Passagen auszuwählen, welche die privaten Aspekte von Darwins Wesen und Leben deutlicher hervortreten lassen – seine Häuslichkeit, seinen Familiensinn, seine Arbeitsweise, seine Redlichkeit, seine Menschenfreundlichkeit, seine Weltoffenheit, seinen Humor, seine alltäglichen Sorgen und Freuden. Wenn sich die ausgewählten Texte dem Leser zu einem einigermaßen geschlossenen Bild eines Mannes verbinden, der sonst gewöhnlich bis zur Unkenntlichkeit hinter der mächtigen Fassade seines Lehrgebäudes verschwindet, dann haben sie ihren Zweck erfüllt.

Einige Bemerkungen zum Text dieser Ausgabe seien angefügt: Die als Autobiographie bezeichneten ›Erinnerungen an die Entwicklung meines Geistes und Charakters‹ werden in ihrer vollständigen und endgültigen Gestalt vorgelegt, die Briefe und Dokumente meist nur in Auszügen. Auslassungen sind durch Punkte markiert; Zusätze des Herausgebers, die dem besseren Verständnis dienen sollen, stehen in eckigen Klammern. Sprachliche Ungeschicklichkeiten und störende Wiederholungen gehen nicht zu Lasten der Übersetzung, sondern sind typisch für Darwins flüchtige Schreibweise, vor allem in den Briefen, in denen der Inhalt stets Vorrang vor der Form hat. Alle Fußnoten stammen vom Herausgeber. Um den Haupttext nicht mit Anmerkungen und Verweisen zu überfrachten, wurde in den Anhang ein Personenregister aufgenommen, in dem die im Text erwähnten Namen mit knappen biographischen Erläuterungen alphabetisch zusammengefaßt sind.

Erinnerungen an die Entwicklung meines Geistes und Charakters

Von meiner Geburt bis zum Eintreffen in Cambridge

Als der Herausgeber einer deutschen Zeitschrift an mich geschrieben hatte wegen einer Darstellung der Entwicklung meines Geistes und Charakters sowie einer Skizze meiner Autobiographie, kam mir der Gedanke, daß ein solcher Versuch mir Freude bereiten und möglicherweise auch meine Kinder oder deren Kinder interessieren würde. Ich weiß, daß es mich in hohem Grade interessiert haben würde, wenn ich auch nur eine so kurze und langweilige Skizze vom Geiste meines Großvaters, von ihm selbst geschrieben, hätte lesen können, und was er gedacht und getan und wie er gearbeitet hat. Ich habe versucht, die folgende Schilderung über mich so zu schreiben, als wäre ich ein Verstorbener in einer anderen Welt, der auf sein eigenes Leben zurückblickt. Auch ist mir das nicht schwergefallen, denn das Leben ist für mich nahezu vorüber. Ich habe mir keinerlei Mühe in bezug auf den Stil gegeben.

Darwins Geburtshaus in Shrewsbury

Ich wurde in Shrewsbury am 12. Februar 1809 geboren. Ich bekam von meinem Vater zu hören, daß seiner Meinung nach Menschen mit einem starken Gedächtnis gewöhnlich ein Erinnerungsvermögen besitzen, das weit zurück zu einer sehr frühen Periode ihres Lebens reicht. So verhielt es sich nicht mit mir, denn meine früheste Erinnerung reicht nur bis dahin zurück, wo ich wenig Monate über vier Jahre alt war, als wir in die Nähe von Abergele in das Seebad fuhren; ich erinnere mich einiger jener Ereignisse und Örtlichkeiten mit einer gewissen Deutlichkeit.

Meine Mutter starb im Juli 1817, als ich wenig über acht Jahre alt war, und es ist seltsam, daß ich mich kaum an irgend etwas in bezug auf sie erinnern kann, ausgenommen an ihr Sterbelager, ihr schwarzes Samtkleid und ihren eigentümlich gebauten Arbeitstisch. Ich denke, daß dieses Vergessen teilweise meinen Schwestern zuzuschreiben ist, die durch ihren Tod so tief betrübt waren, daß sie niemals von ihr sprechen oder ihren Namen erwähnen konnten, teilweise aber auch ihrem kranken Zustand, in dem sie sich vor ihrem Tode befand. Im Frühling jenes Jahres wurde ich in eine Tagesschule in Shrewsbury geschickt, wo ich ein Jahr lang blieb. Bevor ich in die Schule kam, beschäftigte sich meine Schwester Caroline mit mir, aber ich hege Zweifel, ob dieser Unterricht erfolgreich verlief. Man hat mir gesagt, daß ich im Lernen viel langsamer gewesen sei als meine jüngere Schwester Catherine, und ich glaube, ich war in vielen Beziehungen ein kleiner Taugenichts. Caroline war im höchsten Maße freundlich, fähig und fleißig, aber sie legte in dem Bestreben, mich zu bessern, einen etwas zu großen Eifer an den Tag; denn ich kann mich auch jetzt, nach so vielen Jahren, noch genau daran erinnern, wie ich mir beim Betreten des Zimmers, in dem sie sich befand, sagte: »Wofür wird sie mich denn jetzt schon wieder tadeln?« Und ich faßte starrsinnig den Vorsatz, mich vollständig gleichgültig all dem gegenüber zu verhalten, was sie auch sagen möge.

In der Zeit, als ich in diese Tagesschule ging, entwickelte sich schon auffallend meine Neigung zur Naturgeschichte und ganz besonders zum Sammeln. Ich versuchte, die Namen der Pflanzen zu erfahren, und sammelte alle möglichen Sachen, Muscheln, Siegel, Frankaturen, Münzen und Mineralien. Die Leidenschaft für das Sammeln, die den Menschen dazu führt, ein systematischer Naturforscher, ein Kunstliebhaber oder ein Geizhals zu werden, war sehr stark bei mir und offenbar angeboren, da keines meiner Geschwister, weder mein Bruder noch meine Schwestern, je diese Neigung gehabt hat.

Eine kleine Begebenheit aus diesem Jahre hat sich meinem Geiste sehr fest eingeprägt, und ich nehme an, daß dies deshalb geschah, weil mein Gewissen dadurch später sehr belastet war; sie ist darum merkwürdig, da sie zeigt, daß ich mich offenbar schon in diesem frühen Alter für die Variabilität der Pflanzen interessiert habe! Ich erzählte einem andern kleinen Jungen (ich glaube, es war Leighton, der später ein bekannter Lichenologe und Botaniker wurde), daß ich verschieden gefärbte Schlüsselblumen und Primeln hervorbringen könne, indem ich sie mit gewissen farbigen Flüssigkeiten begösse, was natürlich eine ungeheuerliche Lüge und niemals von mir versucht worden war. Ich will hier auch bekennen, daß ich als kleiner Junge sehr dazu neigte, unwahre Geschichten zu erfinden, und dies geschah immer zu dem Zwecke, Aufregung hervorzurufen. So pflückte ich zum Beispiel einmal viel wertvolles Obst von meines Vaters Bäumen, verbarg es im Gebüsch und rannte dann in atemloser Eile, um die Neuigkeit mitzuteilen, daß ich einen Haufen gestohlenes Obst gefunden hätte.

Ungefähr zu dieser Zeit oder, wie ich hoffe, etwas früher stahl ich von Zeit zu Zeit Obst, das ich zu vernaschen gedachte. Dabei entbehrte eine meiner Methoden nicht eines gewissen Erfindungsgeistes. Der Garten, der abends verschlossen wurde, war von einer hohen Mauer umgeben, die ich aber leicht von benachbarten Bäumen aus besteigen konnte. Danach steckte ich in die Bodenöffnung eines ziemlich großen Blumentopfes einen langen Stab. Mit dem Rand des Blumentopfes streifte ich Pfirsiche und Pflaumen ab, die in den Topf fielen, und ich hatte somit die gewünschte Beute in Sicherheit. Ich entsinne mich noch, wie ich als sehr kleiner Bube Äpfel im Garten stahl, um damit einige Knaben und junge Männer zu versorgen, die in einem nahen Landhaus wohnten. Aber bevor ich ihnen die Früchte reichte, zeigte ich ihnen prahlerisch, wie schnell ich laufen konnte, und, wie verwunderlich es auch sein mag, ich konnte einfach nicht begreifen, daß ihr Erstaunen und ihre Begeisterung über meine Fähigkeit zu laufen nur eines zum Ziele hatten: Äpfel zu erhalten. Aber ich entsinne mich noch gut, wie mich ihre Worte, sie hätten noch nie einen Knaben gesehen, der so schnell laufen könne, in Begeisterung versetzten!

Aus diesem Jahre, als ich in Mr. Cases Tagesschule war, erinnere ich mich nur noch eines anderen Ereignisses deutlich, nämlich des Begräbnisses eines Dragoners. Es ist überraschend, wie deutlich ich noch das Pferd, die leeren Stiefel und den Karabiner, der am Sattel aufgehängt war, sowie die Gewehrsalven über dem Grab vor mir sehe. Diese Szene wühlte tief all das auf, was nur an poetischer Einbildung in mir vorhanden war.

Im Sommer 1818 kam ich in Dr. Butlers große Schule in Shrewsbury und blieb dort sieben Jahre bis zum Mittsommer 1825, in dem ich sechzehn Jahre alt war. Ich lebte ganz in der Schule, so daß ich den großen Vorteil genoß, das Leben eines echten Schülers führen zu können; da aber die Entfernung bis zu meinem Vaterhaus kaum mehr als eine Meile betrug, lief ich sehr häufig in den längeren Pausen zwischen dem Aufgerufenwerden und vor dem abendlichen Zuschließen hinüber. Ich glaube, dies war in mancher Hinsicht für mich von Nutzen, da es meine Anhänglichkeit an das Haus und mein Interesse an ihm lebendig erhielt. Ich erinnere mich, daß ich in der ersten Zeit meines Schulbesuchs oft sehr schnell laufen mußte, um zur rechten Zeit da zu sein. Da ich ausgezeichnet laufen konnte, war ich auch meistens erfolgreich; beschlichen mich aber Zweifel, so bat ich Gott ernstlich, mir zu helfen, und ich erinnere mich sehr gut, daß ich meinen Erfolg den Gebeten und nicht meinem schnellen Laufen zuschrieb und daß ich mich wunderte, wie oft mir geholfen wurde.

Ich habe meinen Vater und meine älteren Schwestern erzählen hören, daß ich als ganz junger Knabe eine große Neigung zu langen einsamen Spaziergängen gehabt hätte; was ich mir aber dabei überlegt habe, weiß ich nicht. Ich war oft ganz versunken, und als ich einmal oben auf den alten Festungswerken, die Shrewsbury umgeben und in einen öffentlichen Fußweg umgewandelt worden waren, der auf der einen Seite kein Geländer hatte, zur Schule zurückkehrte, trat ich fehl und stürzte hinunter. Die Höhe betrug aber nur sieben oder acht Fuß. Trotzdem war die Zahl der Gedanken, die mir während dieses sehr kurzen, aber plötzlichen und völlig unerwarteten Falles durch den Kopf gingen, erstaunlich groß und scheint kaum mit dem vereinbar zu sein, was die Physiologen, wie ich glaube, bewiesen haben, daß jeder Gedanke eine recht beträchtliche Zeitspanne erfordert.

Ich muß, als ich in die Schule zu gehen begann, ein sehr einfältiger kleiner Kerl gewesen sein. Ein Junge namens Garnett nahm mich eines Tages mit in einen Kuchenladen und kaufte ein paar Kuchen, welche er nicht bezahlte, da ihm der Ladenbesitzer traute. Als wir herauskamen, fragte ich ihn, warum er die Kuchen nicht bezahlt habe. Er antwortete augenblicklich: »Ja, weißt du denn nicht, daß mein Onkel der Stadt eine große Summe Geld hinterlassen hat unter der Bedingung, daß jeder Kaufmann das Gewünschte ohne Bezahlung einem jeden zu geben habe, der seinen alten Hut trüge und ihn in einer besonderen Manier schwenke?« Dabei zeigte er mir, wie er geschwenkt wird. Er ging dann in einen anderen Laden, in dem er Kredit hatte, fragte nach irgendeinem kleinen Gegenstand, bewegte seinen Hut in der gehörigen Art und erhielt natürlich die Sache ohne Bezahlung. Als wir herauskamen, sagte er: »Wenn du nun einmal selbst Lust hast, in den Kuchenladen dort zu gehen (wie gut erinnere ich mich noch genau seiner Lage!), so will ich dir meinen Hut borgen, und du kannst dann bekommen, was du nur immer willst; du brauchst nur den Hut in der gehörigen Weise zu schwenken.« Ich nahm sehr erfreut das hochherzige Anerbieten an, ging hinein, verlangte ein paar Kuchen, schwenkte den Hut und war im Begriff, aus dem Laden hinauszugehen, als der Besitzer auf mich losstürzte. Ich ließ die Kuchen fallen, nahm Reißaus und war höchst erstaunt, von meinem falschen Freund Garnett mit brüllendem Gelächter begrüßt zu werden.

Ich kann zu meinen Gunsten sagen, daß ich als Knabe human war; ich verdankte das aber gänzlich der Lehre und dem Beispiel meiner Schwestern. Ich bezweifle in der Tat, daß die Humanität eine natürliche oder angeborene Eigenschaft ist. Es machte mir viel Freude, Vogeleier zu sammeln. Ich nahm aber niemals mehr als ein einziges Ei aus einem Nest, ausgenommen bei einer einzigen Gelegenheit, bei der ich sie alle nahm, aber nicht ihres Wertes wegen, sondern als eine Art Bravourstückchen.

Ich hatte eine große Vorliebe für das Angeln und hätte jede beliebige Zahl von Stunden am Ufer eines Flusses oder Teiches sitzen und den Schwimmer beobachten können. Als ich in Maer[1] war, wurde mir gesagt, daß ich die Würmer mit Salzwasser töten könne, und von dem Tage an habe ich niemals wieder einen lebendigen Wurm angesteckt, wenn auch wahrscheinlich auf Kosten eines geringeren Erfolgs.

Einmal, als ich noch ein sehr kleiner Junge war – ich ging

---

[1] Der Besitz von Darwins Onkel Josiah Wedgwood in Shropshire, etwa 50 Kilometer von Shrewsbury entfernt.

wohl schon in die Tagesschule, oder es war noch früher –, handelte ich grausam: Ich schlug ein junges Hündchen, wie ich glaube, einfach in dem freudigen Gefühl der Kraft; doch kann das Schlagen nicht derb gewesen sein, weil das Hündchen nicht heulte, wessen ich ganz sicher bin, da das ganz in der Nähe des Hauses geschah. Diese Tat hat mich sehr bedrückt; denn ich erinnere mich heute noch genau der Stelle, wo das Verbrechen begangen wurde. Es belastete mich wahrscheinlich um so schwerer, als damals und noch lange Zeit danach meine Liebe zu Hunden geradezu eine Leidenschaft war. Die Hunde schienen dies zu spüren; denn ich vermochte es, ihre Liebe ihren Herren zu rauben.

Nichts hätte für die Entwicklung meines Geistes schlimmer sein können als Dr. Butlers Schule, da sie ausschließlich klassisch war und in ihr außer alten Sprachen nur noch ein wenig alte Geographie und Geschichte gelehrt wurde. Daß die Schule ein Mittel der Erziehung sei, war mir einfach unbegreiflich. Während meines ganzen Lebens bin ich völlig unfähig gewesen, irgendeine Sprache zu beherrschen. Besondere Aufmerksamkeit wurde dem Versemachen gewidmet, und dies wollte mir nie ordentlich gelingen. Ich hatte viele Freunde und brachte eine große Sammlung alter Verse zusammen, die ich durch Zusammenflicken, zuweilen mit Hilfe anderer Knaben, zu jedem beliebigen Thema verarbeiten konnte. Viel Aufmerksamkeit wurde auch darauf verwandt, die Aufgaben des vorhergehenden Tages auswendig zu lernen. Dies schaffte ich mit großer Leichtigkeit und lernte vierzig oder fünfzig Verse von Vergil oder Homer, während ich im Morgengottesdienst war; doch war diese Anstrengung absolut nutzlos, da jeder einzelne Vers in achtundvierzig Stunden wieder vergessen war. Ich bin nicht faul gewesen und habe, mit Ausnahme des Versemachens, gewissenhaft meine klassischen Arbeiten ohne Hilfe von Eselsbrücken erledigt. Das einzige Vergnügen, das ich jemals bei solchen Studien empfunden habe, bereiteten mir einige Oden des Horaz, die ich wahrhaft bewunderte.

Als ich die Schule verließ, war ich meinem Alter nach weder weit oben noch weit unten, und ich glaube, daß mich alle meine Lehrer und mein Vater für einen sehr gewöhnlichen Jungen, eher etwas unter dem geistigen Durchschnitt, gehalten haben. Zu meiner tiefen Demütigung sagte mein Vater einmal zu mir: »Du hast keine anderen Interessen als Jagen, Hunde und Ratten fangen, und du wirst dir selbst und der ganzen Familie zur

Schande.« Mein Vater, der der wohlwollendste Mann war, den ich je gekannt habe und dessen Andenken ich von ganzem Herzen liebe, muß aber sehr böse und etwas ungerecht gewesen sein, als er sich solcher Worte bediente.

Ich will hier einige wenige Seiten über meinen Vater hinzufügen, der in vielen Beziehungen ein bemerkenswerter Mann war.

Er war ungefähr 6 Fuß und 2 Zoll [ca. 1,90 m] groß, breitschultrig und sehr korpulent, so daß er der größte Mann war, den ich je gesehen habe. Als er sich zum letzten Male hatte wiegen lassen, wog er 24 Stein [ca. 152 kg]; er nahm aber später noch an Gewicht zu. Seine hauptsächlichsten geistigen Eigenschaften waren seine Beobachtungsgabe und sein Mitgefühl; beides habe ich niemals weder übertroffen noch auch nur erreicht gesehen. Er empfand nicht nur das Unglück anderer mit, sondern in noch höherem Maße die Freuden aller in seiner Umgebung. Dies bewog ihn, ständig Pläne zu machen, wie er anderen Freude bereiten könne, und, obschon er die Verschwendungssucht haßte, viele hochherzige Handlungen auszuführen. So kam zum Beispiel ein Mr. B., ein kleiner Fabrikant in Shrewsbury, eines Tages zu ihm und teilte ihm mit, daß er Bankrott machen müsse, wenn er nicht sofort 10000 Pfund borgen könne, daß er aber nicht imstande sei, irgendwelche rechtliche Sicherheit zu bieten. Mein Vater hörte die Gründe an, welche den Mann glauben ließen, daß er schließlich das Geld werde zurückzahlen können, und war nach seiner intuitiven Erfassung des Charakters überzeugt, daß er dem Manne trauen könne. Er schoß ihm daher die Summe, die für ihn als einen noch jungen Mann sehr groß war, vor und erhielt nach einiger Zeit sein Geld wieder zurück.

Ich glaube, es war sein mitfühlendes Verständnis, das ihm das Vermögen, schrankenloses Vertrauen zu gewinnen, verlieh und das ihm als natürliche Folge einen so großen Erfolg als Arzt sicherte. Er begann zu praktizieren, noch ehe er einundzwanzig Jahre alt war, und seine Honorare deckten ihm im ersten Jahr die Ausgaben für zwei Pferde und einen Diener. Im folgenden Jahr war seine Praxis größer, und so blieb sie ungefähr sechzig Jahre lang, bis er aufhörte zu praktizieren. Sein großer Erfolg als Arzt war um so erstaunlicher, als er mir erzählte, daß er zuerst seinen Beruf in so hohem Maße gehaßt habe, daß, wenn er die unbedeutendste Erwerbsgrundlage hätte finden können oder wenn ihm sein Vater irgendeine Wahl gelassen hätte, ihn nichts hätte bestimmen können, diesen Beruf zu ergreifen. Gegen Ende seines Lebens flößte ihm der bloße Gedanke an eine Operation Widerwillen ein; auch konnte er es kaum ertragen, jemanden bluten zu sehen – ein Abscheu, den er auf mich übertragen hat. Ich erinnere mich des Entsetzens, das ich als Schuljunge beim Lesen der Erzählung empfand, daß Plinius (wenn ich nicht irre) sich in einem warmen Bade verblutet habe. Mein Vater erzählte mir von zwei merkwürdigen Begebenheiten, die mit einem Aderlaß verbunden waren; bei der einen ging es darum, daß er als sehr junger Mann ein Freimaurer geworden war. Sein Freund, ein Logenbruder, tat so, als ob er keine Ahnung von der starken Erregung habe, die meinen Vater beim Anblick von Blut überkam, und sagte auf dem Wege zu einer Zusammenkunft der Freimaurerloge beiläufig: »Ich nehme an, der Verlust einiger Tropfen Blut wird Sie nicht beunruhigen?« Als man den Vater in die Loge aufnahm, verband man ihm die Augen und streifte den Jackenärmel hoch. Ich weiß nicht, ob heute noch eine solche Zeremonie durchgeführt wird, doch mein Vater erwähnte sie als ein treffendes Beispiel für die Macht der Einbildungskraft. Er spürte deutlich, wie ihm ein dünner Blutstrahl den Arm hinabrieselte, und er konnte kaum seinen Augen trauen, als er danach am Arm keine Spur einer Stichwunde bemerken konnte.

Ein erfahrener Londoner Fleischer kam eines Tages zu meinem Großvater, um sich einen Rat zu holen. Und gerade in diesem Augenblick brachte man einen schwerkranken Menschen zu ihm, den mein Großvater mit dem anwesenden Apotheker zur Ader lassen wollte. Den Fleischer bat man, die Hand des Kranken zu halten. Aber er entschuldigte sich und verließ das Zimmer. Später erklärte er meinem Großvater, er hätte, wie seltsam es auch erscheinen möge, beim Anblick des Blutes des Patienten zweifellos das Bewußtsein verloren, obwohl er wahrscheinlich mehr Tiere als irgendein anderer in London eigenhändig geschlachtet habe.

Infolge der großen Gabe meines Vaters, Vertrauen zu erwekken, zogen ihn viele Patienten, ganz besonders Damen, als eine Art Beichtvater zu Rate, wenn sie irgendwie unglücklich waren. Er erzählte mir, daß sie immer damit anfingen, sich in einer weitschweifigen Weise über ihre Gesundheit zu beklagen; aus Erfahrung erriet er dann bald, um was es sich eigentlich handelte. Er sprach dann die Vermutung aus, daß sie seelisch gelitten hätten, und nun fingen sie an, ihm ihre Sorgen vorzuklagen, und er hörte nichts mehr über körperliche Leiden. Meistens ging es um familiäre Zwistigkeiten. Wenn sich Ehemänner mit Klagen über ihre Frauen an ihn wandten und der Streit ernst war, so empfahl ihnen mein Vater (und sein Rat erreichte immer das erwünschte Ziel, wenn ihn nur der Ehemann genau befolgte, was nicht immer der Fall war), folgendermaßen vorzugehen: Der Mann sollte seiner Frau sagen, er sei sehr betrübt, daß ihr gemeinsames Leben nicht glücklich verlaufe; er sei überzeugt, daß sie (die Ehefrau) glücklicher wäre, wenn sie getrennt leben würden; er hielte sie nicht im geringsten für schuldig (aber die meisten Ehemänner weigerten sich, diesen Punkt zu akzeptieren); er werde den Verwandten oder Freunden gegenüber keine Vorwürfe gegen sie erheben; und zu guter Letzt, er sei bereit, ihr einen gewissen Teil seiner Mittel zur Verfügung zu stellen, wie es ihm die Umstände erlaubten. Dann mußte er sie bitten, sich diesen Vorschlag zu überlegen. Da der Ehefrau hierdurch der Boden zum Nörgeln entzogen war, verging ihre Gereiztheit, und bald mußte sie erkennen, in welch mißlicher Lage sie sich befand: Sie konnte keinerlei Anschuldigungen mehr vorbringen, und eine Trennung hatte nicht sie, sondern ihr Mann vorgeschlagen. In der Regel beschwor die Dame ihren Gatten, nicht mehr an eine Trennung zu denken, und verhielt sich von nun an bedeutend besser.

Infolge des Geschicks meines Vaters, Vertrauen zu gewinnen, wurden ihm viele merkwürdige Bekenntnisse von Unglück und Schuld gemacht. Er erwähnte oft, wie viele unglückliche Frauen er gekannt habe. In mehreren Fällen hatten Männer und Frauen zwanzig, dreißig Jahre lang ganz gut miteinander gelebt, sich dann aber erbittert gehaßt. Er schrieb dies dem Umstande zu, daß sie infolge des Heranwachsens ihrer kleinen Kinder das gemeinsame einende Band verloren hätten.

Die merkwürdigste Gabe aber, die mein Vater besaß, war die, die Charaktere und selbst die Gedanken derjenigen, die er auch nur eine kurze Zeit sah, lesen zu können. Hierfür erlebten wir viele Beispiele, von denen einige beinahe übernatürlich erschienen. Dies bewahrte meinen Vater (mit einer einzigen Ausnahme, und der Charakter dieses Mannes wurde bald entdeckt) davor, jemals einen unwürdigen Menschen zum Freund zu haben. Ein fremder Geistlicher kam nach Shrewsbury und schien ein reicher Mann zu sein; alle Welt machte ihm Besuche, und er wurde in viele Häuser eingeladen. Mein Vater besuchte ihn, und bei seiner Rückkehr sagte er meinen Schwestern, er würde ihn oder seine Familie unter keinen Umständen in unser Haus einladen, denn er sei überzeugt, daß dem Manne nicht zu trauen sei. Nach wenigen Monaten verschwand dieser plötzlich und hinterließ bedeutende Schulden, und es stellte sich heraus, daß er nur um weniges besser war als ein gewöhnlicher Schwindler. Das Folgende ist ein Fall von Vertrauen, wie es nicht viele Leute gezeigt haben würden. Eines Tages machte ein Ire, ein ihm vollständig fremder Herr, meinem Vater einen Besuch, erzählte ihm, daß er seine Börse verloren habe und daß es von ernstlichem Nachteil für ihn sein würde, in Shrewsbury warten zu müssen, bis er von Irland eine Nachsendung erhalten könne. Er bat darauf meinen Vater, ihm 20 Pfund zu leihen, was auch sofort geschah, da mein Vater sich ganz sicher fühlte, daß die Geschichte auf Wahrheit beruhe. Sobald ein Brief aus Irland ankommen konnte, kam auch einer mit den überschwenglichsten Dankesworten und, wie geschrieben stand, einer Zwanzig-Pfund-Note der Bank von England; es lag aber keine Banknote bei. Ich fragte meinen Vater, ob ihn dies nicht stutzig mache, doch antwortete er mir: »Nicht im geringsten.« Am nächsten Tage kam ein zweiter Brief mit vielen Entschuldigungen, daß er (wie ein richtiger Ire) vergessen habe, die Banknote dem Brief vom vorigen Tage beizufügen.

Ein Verwandter meines Vaters bat diesen bezüglich seines Sohnes um Rat, der außergewöhnlich faul war und für nichts Interesse hatte. Mein Vater sagte: »Ich nehme an, der faule junge Mann hofft, daß ich ihm eine große Summe Geld vermache. Sagen Sie ihm, daß ich ihm nicht einen Penny hinterlassen würde und daß ich Ihnen das persönlich mitgeteilt habe.« Der Vater des Burschen bekannte beschämt, daß dieser unsinnige Gedanke tatsächlich seinen Sohn ergriffen habe, und fragte meinen Vater, wie er darauf gekommen sei; aber mein Vater antwortete, er wisse das selbst nicht.

Der Earl of ... brachte seinen Neffen, der geisteskrank, aber ganz ruhig war, zu meinem Vater; die geistige Störung des jungen Mannes ließ ihn sich aller unter dem Himmel nur möglichen Verbrechen anklagen. Als mein Vater später mit dem Onkel über die Sache sprach, sagte er: »Ich bin überzeugt, daß Ihr Neffe wirklich des ..., eines abscheulichen Verbrechens, schuldig ist«, worauf der Earl of ... ausrief: »Um Gottes willen, Dr. Darwin, wer hat Ihnen das gesagt? Wir glaubten, daß keine Menschenseele außer uns selbst um die Tatsache wisse!« Mein Vater hat mir diese Geschichte viele Jahre nach dem Vorkommnis erzählt, und ich fragte ihn, wodurch er die wahren von den falschen Selbstanklagen unterscheide. Es war sehr charakteristisch für meinen Vater, daß er sagte, er könne nicht erklären, wie es zugehe.

Die folgende Erzählung zeigt, wie erfolgreich mein Vater im Erraten sein konnte. Lord Shelburne, später der erste Marquis of Lansdowne, war (wie Macaulay irgendwo bemerkt) berühmt wegen seiner Kenntnis der europäischen Verhältnisse, worauf er sehr stolz war. Er konsultierte meinen Vater als Arzt und unterhielt sich danach mit ihm über die Zustände in Holland. Mein Vater hatte in Leyden Medizin studiert, und eines Tages machte er einen weiten Spaziergang aufs Land mit einem Freund, der ihn in das Haus eines Geistlichen (sagen wir ein Rev. Mr. A., denn ich habe seinen Namen vergessen) einführte, der eine Engländerin geheiratet hatte. Mein Vater war sehr hungrig, doch gab es zum zweiten Frühstück nur wenig außer Käse, den er niemals essen konnte. Die alte Dame war darüber überrascht; sie bedauerte es und versicherte meinem Vater, daß es ausgezeichneter Käse sei und daß er ihr von Bowood, dem Landsitz des Lord Shelburne, geschickt worden sei. Mein Vater wunderte sich, warum ihr von Bowood Käse geschickt wurde, dachte aber nicht weiter darüber nach, bis ihm die Erinnerung daran viele Jahre später blitzartig kam, als Lord Shelburne über Holland sprach. So antwortete er diesem denn: »Nach dem, was ich vom Rev. Mr. A. gesehen habe, sollte ich meinen, daß er ein sehr tüchtiger und mit den Verhältnissen in Holland sehr gut vertrauter Mann ist.« Mein Vater sah, daß der Earl, der unvermittelt das Thema der Unterhaltung wechselte, sehr betroffen war. Am nächsten Morgen erhielt mein Vater ein Billett vom Earl, in dem dieser schrieb, daß er seine Abreise verschoben habe und ganz besonders wünsche, meinen Vater zu sehen. Als dieser seinen Besuch machte, sagte der Earl: »Dr. Darwin, es ist für mich und für den Rev. Mr. A. von der größten Bedeutung, zu erfahren, auf welche Weise Sie ermittelt haben, daß er die Quelle meiner Informationen über Holland ist.« So hatte ihm denn mein Vater den ganzen Hergang des Falls auseinanderzusetzen, und er glaubte, daß Lord Shelburne von seinem diplomatischen Geschick des Erratens sehr beeindruckt war, denn während vieler darauffolgender Jahr erhielt er von ihm durch verschiedene Freunde viele wohlwollende Grüße. Ich meine, er muß diese Geschichte auch seinen Kindern erzählt haben; denn vor vielen Jahren fragte mich einmal Sir C. Lyell, aus welchem Grunde der Marquis of Lansdowne (der Sohn oder Enkel des ersten Marquis) ein so lebhaftes Interesse für mich empfinde, den er doch nie gesehen habe, ebenso wie für meine Familie. Als die Zahl der Mitglieder des Athenaeum Club[2] um vierzig neue Stellen (die vierzig ›Diebe‹, wie man sie damals nannte) vergrößert wurde, bemühte man sich sehr darum, eine derselben zu erhalten; ohne daß ich irgend jemanden darum gebeten hätte, schlug mich Lord Lansdowne vor und setzte meine Wahl durch. Wenn meine Vermutung richtig ist, so war es eine eigentümliche Verkettung von Ereignissen, infolge deren die Tatsache, daß mein Vater vor vierzig Jahren einmal in Holland keinen Käse gegessen hat, meine Wahl zum Mitglied des Athenaeum herbeigeführt hat.

In seiner Jugendzeit verfaßte der Vater manchmal kurze Notizen über bemerkenswerte Ereignisse und Gespräche und verwahrte diese in einem besonderen Umschlag.

Seine scharfe Beobachtungsgabe ermöglichte es ihm, mit bemerkenswertem Geschick den Verlauf einer jeden Krankheit vorauszusagen, und er schlug dann unzählige Kleinigkeiten zu ihrer Heilung vor. Mir ist erzählt worden, daß ein junger Arzt in Shrewsbury, der meinen Vater nicht mochte, von ihm zu sagen pflegte, er sei ganz unwissenschaftlich, aber zugab, daß seine Gabe, den Ausgang einer Krankheit vorauszusagen, ganz ohnegleichen sei. Früher, als er meinte, daß auch ich Arzt werden würde, sprach er viel mit mir über seine Patienten. In alten Zeiten war die Gewohnheit, reichlich zur Ader zu lassen, ganz allgemein; mein Vater behauptete aber, daß dadurch bei weitem mehr Übel als Gutes gestiftet werde, und er gab mir den Rat, wenn ich selbst einmal krank werden sollte, keinem Arzt zu erlauben, mehr als eine äußerst geringe Menge Blut von mir zu nehmen. Lange bevor das typhoide Fieber als eine besondere Krankheit erkannt worden war, sagte mir mein Vater, daß zwei gänzlich verschiedene Krankheiten unter dem Namen Typhus miteinander verwechselt würden. Gegen das Trinken eiferte er heftig; er war sowohl von den direkten als auch den vererbten üblen Folgen des Alkohols in der überwältigenden Mehrzahl selbst solcher Fälle überzeugt, in denen er auch in bescheidenen Mengen gewohnheitsmäßig genommen wird. Er gab aber Fälle

[2] Aristokratischer Klub in London. Nach der Satzung dieses Klubs wurden jährlich einige hervorragende Vertreter der Wissenschaft, der Literatur und der Kunst sowie hervorragende Persönlichkeiten des öffentlichen Lebens als Mitglieder aufgenommen. Darwin war im Jahre 1838 Mitglied geworden.

zu und führte Beispiele an, wo gewisse Personen während ihres ganzen Lebens reichlich trinken können, ohne allem Anschein nach irgendwelche schlimme Folgen zu verspüren; er glaubte auch, daß er häufig von vornherein sagen könne, wer nicht in dieser Weise zu leiden haben würde. Er selbst trank nie einen Tropfen irgendeiner alkoholischen Flüssigkeit. Diese Bemerkung erinnert mich an einen Fall, der beweist, wie sich ein Augenzeuge selbst unter den günstigsten Umständen täuschen kann. Einem Herrn auf dem Lande wurde von meinem Vater dringend geraten, nicht zu trinken, und ihm zur Ermutigung noch erzählt, daß er selbst nie irgendein geistiges Getränk angerührt habe. Da sagte der Herr: »Ei, ei, Doktor, das gilt nicht, obgleich es sehr freundlich ist, um meinetwillen das zu sagen, denn ich weiß, daß Sie jeden Abend nach dem Essen ein recht großes Glas mit heißem Wasser und Gin trinken.« Mein Vater fragte ihn, woher er dies wisse. Der Herr antwortete: »Meine Köchin war zwei oder drei Jahre lang Küchenmädchen in Ihrem Hause, und sie hat gesehen, wie der Diener alle Abende Gin und Wasser zurechtmachte und Ihnen brachte.« Die Erklärung war, daß mein Vater die eigentümliche Gewohnheit hatte, nach dem Abendessen aus einem sehr hohen und großen Glas heißes Wasser zu trinken. Der Diener pflegte nur zuerst etwas kaltes Wasser in das Glas zu tun, das das Mädchen irrtümlich für Gin hielt, und es dann mit kochendem Wasser aus dem Kocher zu füllen.

Mein Vater pflegte mir viele kleine Dinge zu erzählen, die er in seiner ärztlichen Praxis für nützlich befunden hatte. So weinten zum Beispiel Damen häufig sehr viel, während sie ihm ihre Beschwerden mitteilten, und raubten ihm damit seine kostbare Zeit. Er fand bald, daß, wenn er sie bat, sich zu beherrschen und das Weinen zu unterdrücken, dies sie immer zu noch stärkerem Weinen veranlaßte; später munterte er sie daher immer auf, nur weiter zu weinen, und sagte ihnen, daß sie nichts anderes so erleichtern werde; dadurch erreichte er stets, daß sie bald zu weinen aufhörten. Nun konnte er hören, was sie ihm zu sagen hatten, und ihnen raten. Wenn Patienten, die sehr schwer krank waren, nach irgendeiner seltsamen oder unnatürlichen Speise verlangten, fragte sie mein Vater, wer ihnen eine solche Idee in den Kopf gesetzt habe. Antworteten sie, daß sie das nicht wüßten, dann erlaubte er ihnen, die Speise zu versuchen, und oft mit Erfolg, da er sich darauf verließ, daß sie eine Art instinktive Sehnsucht danach hätten; antworteten sie aber, daß sie gehört hätten, die fragliche Speise habe irgend jemand anderem gutgetan, dann verweigerte er ganz entschieden seine Zustimmung.

Eines Tages teilte er mir einen seltsamen kleinen Zug des menschlichen Wesens mit. Als sehr junger Mann wurde er zu einer Konsultation mit dem Hausarzt bei der Erkrankung eines Herrn von hohem Ansehen in Shropshire gerufen. Der alte Doktor sagte der Ehefrau, die Krankheit sei von einer solchen Art, daß sie tödlich enden müsse. Mein Vater vertrat die entgegengesetzte Ansicht und behauptete, der Herr werde wieder genesen. Es stellte sich heraus, daß er in jeder Beziehung unrecht hatte (ich glaube durch die Sektion), und er gab seinen Irrtum zu. Er war nunmehr vollkommen überzeugt, daß er nie wieder von dieser Familie konsultiert werden würde; aber nach wenigen Monaten schickte die Witwe, nachdem sie den alten Hausarzt entlassen hatte, nach ihm. Mein Vater war darüber so überrascht, daß er einen Freund der Witwe bat, doch herauszubekommen, warum er wieder konsultiert würde. Die Witwe antwortete dem Freunde, daß »sie den alten widerlichen Doktor, der von Anfang an gesagt habe, daß ihr Mann sterben werde, nie wieder sehen wolle; Dr. Darwin habe aber immer behauptet, er werde wieder genesen!« In einem anderen Falle sagte mein Vater einer Dame, daß ihr Mann bestimmt sterben werde. Einige Monate später sah er die Witwe, die eine sehr verständige Dame war; sie sagte zu ihm: »Sie sind ein sehr junger Mann; erlauben Sie mir, Ihnen den Rat zu erteilen, immer, solange Sie es nur können, allen näheren, den Kranken pflegenden Verwandten Hoffnung zu machen. Sie brachten mich zur Verzweiflung, und von dem Augenblick an verlor ich die Kraft.« Mein Vater sagte, daß er seitdem oft erkannt habe, wie außerordentlich wichtig es im Interesse des Patienten sei, die Hoffnung und damit die Kraft der Person zu erhalten, deren Pflege der Kranke anvertraut ist. Er fand es zuweilen schwierig, dies zu tun, ohne gegen die Wahrheit zu verstoßen. Ein alter Herr, Mr. Pemberton, brachte ihn aber in keine derartige Verlegenheit. Er schickte nach ihm und sagte: »Nach allem, was ich von Ihnen gesehen und gehört habe, glaube ich, daß Sie zu der Art von Menschen gehören, die die Wahrheit sprechen, und wenn ich Sie frage, werden Sie es mir sagen, wenn ich im Sterben liege. Ich wünsche nun aber sehr, daß Sie mich behandeln, wenn Sie mir versprechen wollen, immer, was ich auch sagen möge, zu erklären, daß ich nicht sterben werde.« Mein Vater willigte ein, daß seine Worte in der Tat keine Bedeutung haben sollten.

Mein Vater besaß ein außerordentliches Gedächtnis, besonders für Daten, so daß er noch im hohen Alter den Tag der Geburt, der Hochzeit und des Todes von zahlreichen Personen in Shropshire wußte. Einmal sagte er mir, daß ihm diese Gabe sehr störend sei, denn wenn er ein Datum einmal gehört habe, könne er es nicht wieder vergessen; infolgedessen wurde er häufig an den Tod vieler Freunde erinnert. Dank seinem guten Gedächtnis kannte er eine große Anzahl von merkwürdigen Geschichten, die er, da er ein großer Erzähler war, gerne mitteilte. Er war meist gut aufgelegt und lachte und scherzte mit jedermann, oft mit seinen Dienstboten, in größter Freimütigkeit; und doch besaß er die Kunst, jedermann dazu zu bringen, ihm bis auf den Buchstaben zu gehorchen. Viele Menschen fürchteten sich vor ihm. Ich erinnere mich, daß mein Vater uns eines Tages lachend erzählte, mehrere Leute hätten ihn gefragt, ob Miss Piggott (eine sehr würdevolle alte Dame in Shropshire) ihn besucht habe, so daß er endlich sich erkundigt habe, warum sie fragten. Man hatte ihm darauf gesagt, daß Miss Piggott, die mein Vater irgendwie tödlich beleidigt habe, jedermann erzähle, sie wolle ihn aufsuchen und »diesem fetten alten Doktor ins Gesicht sagen, was sie von ihm hielt«. Sie hatte ihren Besuch bereits gemacht; der Mut hatte sie aber verlassen, und niemand hätte liebenswürdiger und höflicher sein können als sie. Als Knabe war ich einmal auf Besuch bei Major B., dessen Frau geisteskrank war; sobald dies arme Geschöpf mich sah, geriet sie in furchtsames Entsetzen, weinte bitterlich und fragte mich immer wieder: »Kommt dein Vater?«; sie wurde aber bald beruhigt. Nach meiner Rückkehr fragte ich meinen Vater, warum sie so entsetzt gewesen wäre; er antwortete, er sei froh, dies zu hören, da er sie absichtlich in Schrecken versetzt habe in der Überzeugung, daß sie sicherer und viel glücklicher ohne irgendwelche Zwangsmaßregeln zu bewachen sein werde, wenn ihr Mann dadurch auf sie wirken könne, daß er, sobald sie irgendwie heftig und aufgeregt würde, den Vorschlag mache, nach Dr. Darwin zu schicken; und diese Worte hatten während ihres übrigen langen Lebens den besten Erfolg.

Mein Vater war sehr empfindsam, so daß viele kleine Vorkommnisse ihn sehr verstimmten oder schmerzlich berührten. Ich fragte ihn einst, als er alt war und nicht mehr gehen konnte, warum er nicht ausfahre, um sich etwas Bewegung zu machen;

er antwortete: »Jede Straße außerhalb Shrewsburys ist in meinem Geist mit irgendeinem schmerzlichen Ereignis verknüpft.« Und doch war er meist sehr gut aufgelegt. Er wurde leicht sehr böse, seine Güte und sein Wohlwollen waren aber grenzenlos. Er wurde allgemein und von ganzem Herzen geliebt.

Er war ein vorsichtiger und guter Geschäftsmann, so daß er kaum jemals Geld durch irgendeine Anlage verlor und seinen Kindern ein sehr großes Vermögen hinterließ. Ich erinnere mich an eine Geschichte, die zeigt, wie leicht völlig falsche Gerüchte entstehen und sich verbreiten. Mr. E., ein Herr aus einer der ältesten Familien in Shropshire und Hauptteilhaber einer Bank, hatte Selbstmord begangen. Zur Einhaltung der Formalitäten wurde nach meinem Vater geschickt, der ihn tot vorfand. Um zu zeigen, wie solche Sachen in jenen alten Zeiten behandelt wurden, will ich beiläufig erwähnen, daß, weil Mr. E. ein ziemlich großer Herr und allgemein geachtet war, keine gerichtliche Untersuchung in dieser Angelegenheit stattfand. Auf dem Nachhausewege hielt es mein Vater doch für angemessen, in der Bank (wo er ein Konto hatte) vorzusprechen, um dem geschäftsführenden Teilhaber von dem Ereignis Mitteilung zu machen, da es nicht unwahrscheinlich war, daß es einen plötzlichen Sturm auf die Bank verursachen könne. Es wurde nun folgende Geschichte weit und breit herumgetragen: Mein Vater sei in die Bank gegangen, habe sein ganzes Geld abgehoben, die Bank dann verlassen, sei wieder zurückgekommen, habe gesagt: »Oh, ich will Ihnen nur eben erzählen, daß Mr. E. sich umgebracht hat«, und sei dann fortgegangen. Es scheint damals ein allgemein verbreiteter Glaube gewesen zu sein, daß von einer Bank abgehobenes Geld nicht eher in Sicherheit sei, als bis der Träger durch die Tür der Bank hinausgegangen sei. Mein Vater hatte von dieser Geschichte erst einige Zeit später gehört, als ihm der geschäftsführende Teilhaber sagte, er sei von seiner ausnahmslos befolgten Regel, niemals irgend jemand zu gestatten, das Konto eines anderen einzusehen, insofern abgewichen, als er das Hauptbuch mit meines Vaters Konto mehreren Personen gezeigt habe, da er nur dadurch habe beweisen können, daß mein Vater an jenem Tage nicht einen Penny abgehoben habe. Es würde unehrenhaft von meinem Vater gewesen sein, seine durch seinen Beruf erhaltenen Informationen zu seinem Privatvorteil auszunutzen. Trotzdem wurde die vermutungsweise vorausgesetzte Handlungsweise von einigen Personen in hohem Grade bewundert. Viele Jahre später machte noch ein Herr die Bemerkung: »Ei, Doktor, was für ein glänzender Geschäftsmann waren Sie, daß Sie Ihr ganzes Geld so geschickt aus der Bank herausbekamen!«

Die Geistesrichtung meines Vaters war nicht wissenschaftlich, auch versuchte er nicht, seine Kenntnisse unter dem Gesichtswinkel allgemeiner Gesetze zusammenzufassen; doch machte er sich beinahe für alles, was ihm vorkam, eine Theorie. Ich glaube nicht, daß ich intellektuell viel durch ihn gewonnen habe; sein Beispiel muß aber für alle seine Kinder von großem moralischem Nutzen gewesen sein. Eine seiner goldenen Regeln (die sehr schwer zu befolgen war) lautete: »Werde nie der Freund eines Menschen, den du nicht achten kannst.«

Über den Vater meines Vaters – den Verfasser des ›Botanischen Gartens‹ und anderer Werke – habe ich alle Tatsachen, die ich in Erfahrung bringen konnte, in der von mir veröffentlichten Biographie zusammengefaßt.[3]

Nachdem ich so viel über meinen Vater erzählt habe, möchte ich einige wenige Worte über meinen Bruder und über meine Schwestern hinzufügen: Mein Bruder Erasmus besaß einen bemerkenswert klaren Verstand mit weitreichenden und verschiedenartigen Neigungen und Kenntnissen in Literatur, Kunst, und selbst in Naturwissenschaften. Eine kurze Zeit lang sammelte und trocknete er Pflanzen, und während einer etwas längeren Zeit machte er chemische Versuche. Er war äußerst sympathisch, und sein Witz erinnerte mich oft an den von Charles Lamb in dessen Briefen und Werken. Er war sehr gutherzig. Seine Gesundheit war seit seiner Knabenzeit zart gewesen, und infolgedessen besaß er nicht viel Energie. Seine Stimmung war nicht munter, zuweilen deprimiert, besonders während seiner frühen und mittleren Mannesjahre. Er las viel, sogar schon als Knabe, und ermunterte mich während unserer Schulzeit, auch zu lesen, indem er mir Bücher lieh. Unsere Geistes- und Geschmacksrichtungen waren indessen so verschieden, daß ich nicht glaube, ihm wie auch meinen vier Schwestern, deren Charakterzüge äußerst verschieden und – bei einigen von ihnen – stark ausgeprägt waren, intellektuell viel zu verdanken. Während ihres ganzen Lebens verhielten sie sich alle sehr liebens-

---

[3] Im Jahre 1879 organisierte Charles Darwin die Übersetzung des Artikels des bekannten deutschen Darwinisten Ernst Krause über die evolutionistischen Anschauungen von Erasmus Darwin ins Englische. Der Übersetzung stellte Charles Darwin eine Lebensskizze von Erasmus Darwin voran, die er anhand der Materialien der Familienarchive geschrieben hatte.

Erste Seite des Manuskripts der ›Erinnerungen an die Entwicklung meines Geistes und Charakters‹ von Charles Darwin würdig und zärtlich mir gegenüber. Ich bin geneigt, mit Francis Galton darin übereinzustimmen, daß Erziehung und Umgebung nur eine geringe Wirkung auf den Geist eines jeden ausüben und daß die meisten unserer Eigenschaften angeboren sind.

Die obige Bemerkung über den Charakter meines Bruders habe ich geschrieben, bevor Carlyle seine Charakteristik in den ›Erinnerungen‹ veröffentlichte, die meines Erachtens wenig der Wahrheit entspricht und keinen Wert besitzt.[4]

Blicke ich nun, so gut ich kann, auf meinen Charakter während meiner Schulzeit zurück, so waren die einzigen Eigenschaften in dieser Periode, die etwas Gutes für die Zukunft versprachen, die, daß ich stark ausgeprägte und verschiedenartige Neigungen, sehr viel Eifer für alles hatte, was mich nur irgend interessierte, und eine lebhafte Freude am Verstehen irgendeines komplizierten Themas oder Gegenstandes. Mir wurde von einem Privatlehrer Euklid beigebracht, und ich erinnere mich sehr deutlich der intensiven Befriedigung, die mir die klaren geometrischen Beweise gewährten. Mit gleicher Deutlichkeit erinnere ich mich des Entzückens, das mir mein Onkel (der Vater von Francis Galton) dadurch verschaffte, daß er mir das Prinzip der Einteilung am Barometer erklärte. Was andere, von Naturwissenschaften unabhängige Neigungen und Geschmacksrichtungen betrifft, so las ich verschiedene Bücher sehr gern und konnte stundenlang sitzen und Shakespeares historische Stücke lesen, meistens in einem alten Fenster in den dicken Mauern der Schule. Ich las auch andere poetische Werke, so Thomsons ›Jahreszeiten‹ und die vor kurzem veröffentlichten Gedichte von Byron und Scott. Ich erwähne dies deshalb, weil ich zu meinem großen Bedauern später im Leben alle Freude an Poesie jeder Art, einschließlich Shakespeare, verloren habe. Im Zusammenhang mit der Freude an Poesie will ich noch anführen, daß im Jahre 1822, während einer Tour zu Pferde an den Grenzen von Wales, zum ersten Male lebhaftes Entzücken über eine Landschaft in mir erweckt wurde, und dies hat länger angehalten als irgendein anderes ästhetisches Vergnügen.

In den frühen Tagen meiner Schulzeit besaß ein Schulkame-

---

[4] Darwin hat den Einschub über seinen Vater und seinen Bruder 1877 oder 1878 geschrieben. Der Schlußsatz kann jedoch erst 1881 hinzugefügt worden sein, nach dem Erscheinen von Carlyles ›Reminiscences‹, in denen Erasmus Darwin kurz charakterisiert wird.

rad ein Exemplar der ›Wunder der Welt‹, das ich oft las; ich stritt mich mit anderen Knaben über die Wahrhaftigkeit einiger der darin enthaltenen Angaben, und ich glaube, daß dieses Buch erstmalig den Wunsch in mir anregte, in ferne Länder zu reisen, der mir schließlich durch die Fahrt der »Beagle« erfüllt wurde. In der letzten Zeit meines Schullebens wurde ich ein leidenschaftlicher Jäger; ich glaube, niemand hätte für die heiligste Sache mehr Eifer zeigen können als ich für Vogeljagd. Wie gut erinnere ich mich noch daran, wie ich meine erste Schnepfe geschossen hatte; meine Erregung war so groß, daß ich wegen des Zitterns meiner Hände nur mit Schwierigkeit meine Flinte wieder laden konnte. Diese Neigung hielt lange an, und ich wurde ein sehr guter Schütze. Als ich in Cambridge war, pflegte ich das Anlegen der Flinte vor einem Spiegel zu üben, um zu sehen, daß ich sie gerade anlegte. Eine andere und noch bessere Methode war die, von einem Freund eine angezündete Kerze hin und her bewegen zu lassen und dann mit einem Zündhütchen auf dem Zündkegel danach zu schießen; war gut gezielt worden, so blies der kleine Luftstoß das Licht aus. Die Explosion des Zündhütchens verursachte einen scharfen Knall, und mir wurde erzählt, daß der Tutor des College die Bemerkung machte: »Wie merkwürdig ist es doch: Mr. Darwin scheint ganze Stunden damit zu verbringen, mit einer Reitpeitsche zu knallen; denn ich höre oft den Knall, wenn ich unter seinen Fenstern vorbeigehe.«

Unter den Schulkameraden hatte ich viele Freunde, die ich sehr liebte, und ich glaube, daß meine Gemütsstimmung damals sehr liebevoll war. Einige dieser Knaben waren ziemlich begabt, aber entsprechend dem Prinzip »noscitur a socio«[5] muß ich hinzufügen, daß keiner von ihnen in der Folgezeit eine hervorragende Persönlichkeit wurde.

Was die Wissenschaft betrifft, so fuhr ich fort, mit großem Eifer Mineralien zu sammeln, aber völlig unwissenschaftlich – mir ging es nur darum, ein Mineral mit neuem Namen zu bekommen, doch ich versuchte kaum, diese zu klassifizieren. Insekten muß ich mit einer gewissen Sorgfalt beobachtet haben; denn als ich zehn Jahre alt war (1819), ging ich auf drei Wochen nach Plas Edwards an der Küste von Wales und war sehr angetan und überrascht vom Anblick eines großen schwarzen und scharlachroten wanzenartigen Insekts, vieler Nachtschmetter-

---

[5] »Man erfährt es von einem Gefährten.«

linge *(Zygaena)* und einer *Cicindela* [Sandlaufkäfer], die alle in Shropshire nicht vorkommen. Ich entschloß mich beinahe, damit anzufangen, alle Insekten, die ich tot fand, zu sammeln; denn als ich meine Schwester befragte, kam ich zu dem Schluß, daß es nicht recht sei, Insekten nur deshalb zu töten, um eine Sammlung zusammenzustellen. Nachdem ich Whites ›Selborne‹ gelesen hatte, bereitete es mir viel Freude, die Lebensgewohnheiten der Vögel zu beobachten, und ich machte mir sogar Notizen darüber. In meiner Einfalt wunderte ich mich, warum nicht alle Herren Ornithologen würden.

Gegen Ende meiner Schulzeit arbeitete mein Bruder sehr viel auf dem Gebiet der Chemie und richtete sich in dem Gerätehaus im Garten ein ganz hübsches Laboratorium mit den entsprechenden Apparaten ein; mir wurde erlaubt, ihm bei den meisten seiner Experimente zu helfen. Er stellte alle möglichen Gase und viele Verbindungen her, und ich las sorgfältig mehrere Bücher über Chemie, zum Beispiel den ›Chemischen Katechismus‹ von Henry und Parkes. Der Gegenstand interessierte mich sehr, und wir dehnten häufig unsere Arbeiten bis spät in die Nacht aus. Dies war der beste Teil meiner Erziehung während meiner Schulzeit, denn er zeigte mir praktisch die Bedeutung experimenteller Wissenschaft. Die Tatsache, daß wir uns mit Chemie beschäftigten, wurde in der Schule auf irgendeine Weise bekannt, und da es ein noch nicht dagewesener Fall war, erhielt ich den Spitznamen »Gas«. Einmal wurde ich auch vom Direktor der Schule, Dr. Butler, öffentlich zurechtgewiesen, daß ich meine Zeit mit derartigen nutzlosen Dingen verschwendete, und er nannte mich sehr ungerechterweise einen »poco curante«; da ich nicht verstand, was er damit meinte, hielt ich es für einen fürchterlichen Vorwurf.

Da ich auf der Schule nichts Rechtes zuwege brachte, nahm mich mein Vater sehr weise in einem etwas früheren Alter als gewöhnlich von der Schule und schickte mich (Oktober 1825) mit meinem Bruder auf die Universität Edinburgh, wo ich zwei Jahre oder Sessionen lang blieb. Mein Bruder beendete sein Medizinstudium, obschon ich nicht glaube, daß er je wirklich die Absicht gehabt hat zu praktizieren; ich wurde hingeschickt, um es anzufangen. Bald nach dieser Zeit aber kam ich durch verschiedene kleine Umstände zu der Überzeugung, daß mir mein Vater Vermögen genug hinterlassen würde, um mit einiger Bequemlichkeit davon zu leben, obgleich ich mir niemals einbildete, daß ich einmal ein so wohlhabender Mann sein würde, wie ich es bin; mein Glaube reichte aber doch aus, um jede ernste Anstrengung, Medizin zu studieren, zu hemmen.

Der Unterricht in Edinburgh bestand ganz und gar aus Vorlesungen, und diese waren unerträglich langweilig, mit Ausnahme derjenigen über Chemie bei Hope; meiner Auffassung nach haben aber Vorlesungen im Vergleich mit dem eigenen Lesen keinen Vorteil, dagegen viele Nachteile. An Dr. Duncans Vorlesungen über Materia medica an jedem Wintermorgen um 8 Uhr erinnere ich mich nur mit Schrecken. Dr. Monros Vorlesungen über menschliche Anatomie waren so langweilig wie er selbst war, und der Gegenstand widerte mich an. Es gehört zu den unglücklichsten Umständen in meinem Leben, wie ich später erfahren habe, daß ich nicht zum Sezieren angehalten worden bin; denn meinen Widerwillen würde ich bald überwunden haben, und die Übung wäre für meine ganze spätere Tätigkeit unschätzbar gewesen. Dies ist ein nicht wiedergutzumachendes Übel, ebenso wie meine Unfähigkeit zu zeichnen. Ich besuchte auch regelmäßig die klinischen Abteilungen im Hospital. Einige der Fälle machten mich sehr unglücklich, und von manchen stehen noch immer lebendige Bilder vor mir; ich war aber nicht so töricht, meine Besuche deshalb einzuschränken. Ich kann es nicht verstehen, warum dieser Teil meines Medizinstudiums mich nicht in höherem Maße interessiert hat; denn während des Sommers, ehe ich nach Edinburgh kam, hatte ich angefangen, manche von den armen Leuten in Shrewsbury, namentlich Kinder und Frauen, zu besuchen: Ich schrieb einen möglichst ausführlichen Bericht über jeden Fall mit allen Symptomen und las dieselben meinem Vater vor, der dann weitere Untersuchungen vorschlug und mir riet, welche Arzneien ich geben solle, die ich dann selbst herstellte. Zu einer Zeit hatte ich einmal mindestens ein Dutzend Patienten, und meine Tätigkeit interessierte mich sehr stark. Mein Vater, der bei weitem das beste Urteil über Charaktere besaß, das ich kennengelernt habe, erklärte, daß ich als Arzt Erfolg haben würde, womit er meinte, daß ich viele Patienten bekommen würde. Er behauptete, daß das hauptsächlichste Element des Erfolgs die Gabe sei, Vertrauen zu erwekken; was er aber in mir als besonders vertrauenerweckend erkannt hat, weiß ich nicht. Ich besuchte auch bei zwei Gelegenheiten den Operationssaal im Krankenhaus von Edinburgh und sah zwei sehr schwere Operationen, die eine an einem Kind; ich lief aber davon, ehe sie zu Ende gebracht waren. Auch habe ich nie einer weiteren beigewohnt, denn kaum irgendeine Versuchung hätte stark genug sein können, mich dazu zu bringen; das war lange vor der gesegneten Zeit des Chloroforms. Die beiden Fälle haben mich noch viele Jahre lang gequält.

Mein Bruder blieb nur ein Jahr auf der Universität, so daß ich während des zweiten Jahres auf meine eigenen Hilfsquellen angewiesen war; das war für mich von Vorteil, da ich mit mehreren jungen Leuten, die die Naturwissenschaften liebten, gut bekannt wurde. Einer von ihnen war Ainsworth, der später die Schilderung seiner Reisen in Assyrien herausgab; er war ein Geologe aus der Wernerschen Schule und wußte einiges in vielen Dingen, war aber oberflächlich und recht zungengewandt. Dr. Coldstream war ein sehr verschieden veranlagter junger Mann, fein, formell, sehr religiös und äußerst gutherzig; er hat später mehrere gute zoologische Aufsätze veröffentlicht. Ein dritter unter den jungen Leuten war Hardie, der, wie ich glaube, ein tüchtiger Botaniker geworden wäre, aber in Indien früh starb; endlich Dr. Grant, mehrere Jahre älter als ich. Ich kann mich nicht entsinnen, wie ich mit ihm bekannt geworden war; er veröffentlichte mehrere ausgezeichnete zoologische Abhandlungen, hat aber, nachdem er als Professor an das University College in London gekommen war, nichts weiter in der Wissenschaft getan, eine Tatsache, die mir immer unerklärlich gewesen ist. Ich kannte ihn sehr gut; er war trocken und formell in seinem Wesen, hatte aber viel Enthusiasmus in sich. Als wir eines Tages miteinander spazierengingen, brach er in hohe Bewunderung über Lamarck und dessen Ansichten über die Entwicklung aus. Ich hörte in schweigendem Erstaunen zu, und ohne daß es, soweit ich es beurteilen kann, irgendeine Wirkung auf meinen Geist hervorgebracht hätte. Ich hatte vorher die ›Zoonomia‹ meines Großvaters gelesen, in der ähnliche Ansichten enthalten waren, aber ohne daß es irgendeinen Einfluß auf mich ausgeübt hätte. Nichtsdestoweniger ist es immerhin wahrscheinlich, daß der Umstand, daß ich früh im Leben derartige Ansichten habe vertreten und loben hören, es begünstigt hat, daß ich dieselben in einer anderen Form in meiner ›Entstehung der Arten‹ dargelegt habe. In dieser Zeit bewunderte ich die ›Zoonomia‹ in hohem Maße; als ich sie aber nach einem Zeitraum von zehn oder fünfzehn Jahren ein zweites Mal las, war ich sehr enttäuscht; das Mißverhältnis zwischen der Spekulation und den mitgeteilten Tatsachen ist darin so groß.

Dr. Grant und Dr. Coldstream widmeten der Naturgeschichte der Seetiere viel Aufmerksamkeit; den ersteren begleitete ich häufig, um Tiere in den Gezeitentümpeln zu sammeln, die ich dann, so gut es ging, sezierte. Ich befreundete mich auch mit mehreren Fischern in Newhaven und begleitete sie manchmal, wenn sie mit Schleppnetzen nach Austern fischten, und erlangte auf diese Weise viele Exemplare. Da ich mich aber niemals regelmäßig im Sezieren geübt hatte und nur ein sehr schlechtes Mikroskop besaß, waren meine Versuche sehr bescheiden. Trotzdem machte ich eine kleine interessante Entdeckung und hielt ungefähr Anfang des Jahres 1826 einen kurzen Vortrag über den Gegenstand vor der Plinian Society.[6] Die Entdeckung bestand darin, daß die sogenannten Eier von Flustra [Blättermoostierchen] das Vermögen der selbständigen Bewegung mittels Wimpern besaßen und in der Tat Larven waren. In einem anderen kleinen Vortrag wies ich nach, daß die kleinen kugeligen Körper, die man für das Jugendstadium von *Fucus loreus* [Riementang] gehalten hatte, nichts anderes waren als die Eikapseln der wurmartigen *Pontobdella muricata* [Rochenegel].

Die Plinian Society wurde von Professor Jameson sehr gefördert und war, glaube ich, von ihm gegründet worden; sie bestand aus Studenten und versammelte sich in einem Zimmer im Souterrain der Universität, um Vorträge über Naturwissenschaften zu halten und darüber zu diskutieren. Ich pflegte sie regelmäßig zu besuchen, und die Versammlungen übten dadurch einen guten Einfluß auf mich aus, daß sie meinen Eifer anspornten und mir neue geistesverwandte Bekanntschaften vermittelten. Eines Abends erhob sich ein armer junger Mann, stotterte eine endlose Zeit herum, wurde purpurrot und brachte endlich langsam die Worte heraus: »Herr Präsident, ich habe vergessen, was ich sagen wollte.« Der arme Kerl sah ganz niedergeschlagen aus, und sämtliche Mitglieder waren so überrascht, daß auch nicht einem irgendein Wort einfiel, seine Verwirrung zu beschönigen. Die Vorträge, die in unserer kleinen Gesellschaft gehalten worden waren, wurden nicht gedruckt, so daß ich nicht die Genugtuung hatte, meine Abhandlung gedruckt zu sehen; ich glaube aber, Dr. Grant hat meine kleine Entdeckung in seiner ausgezeichneten Abhandlung über Flustra erwähnt.

Ich war auch Mitglied der Royal Medical Society und besuch-

---

[6] Nach dem römischen Schriftsteller und Naturforscher Plinius d. Ä. benannte naturwissenschaftliche Gesellschaft, die 1823 in Edinburgh gegründet wurde und ungefähr ein Vierteljahrhundert bestand. Darwin trat ihr am 28. November 1826 bei.

te sie ziemlich regelmäßig; da aber die dort behandelten Fragen ausschließlich medizinisch waren, kümmerte ich mich nur wenig um sie. Es wurde dort viel unnützes Zeug gesprochen, doch fanden sich auch einige gute Redner, unter denen der jetzige Sir J. Kay-Shuttleworth der beste war. Dr. Grant nahm mich gelegentlich mit in die Sitzungen der Wernerian Society[7], wo verschiedene Vorträge über Naturgeschichte gehalten, diskutiert und später in den ›Transactions‹ veröffentlicht wurden. Ich habe dort Audubon einige interessante Vorträge über die Lebensweise nordamerikanischer Vögel halten hören, in denen er in etwas ungerechter Weise über Waterton spöttelte. Übrigens, es lebte damals ein Neger in Edinburgh, der mit Waterton gereist war und sich seinen Lebensunterhalt durch das Ausstopfen von Vögeln verdiente, was er ausgezeichnet verstand; er erteilte mir gegen Bezahlung darin Unterricht, und ich pflegte oft bei ihm zu sitzen, denn er war ein sehr angenehmer und intelligenter Mensch.

Mr. Leonard Horner nahm mich auch einmal mit in eine Sitzung der Royal Society von Edinburgh, wo ich Sir Walter Scott als Präsidenten sah; er entschuldigte sich vor der Versammlung, daß er sich nicht für geeignet halte, eine solche Stellung zu bekleiden. Ich betrachtete ihn und die ganze Szene mit einer gewissen ehrfürchtigen Scheu, und ich glaube, ich habe dem Umstand, daß ich während meiner Jugend dieser Sitzung beiwohnte und die Royal Medical Society besucht habe, es zuzuschreiben, daß, als ich vor wenigen Jahren Ehrenmitglied der beiden Gesellschaften wurde, diese Auszeichnung mehr als irgendwelche andere ähnliche Ehren empfunden habe. Wenn man mir zu jener Zeit gesagt hätte, daß ich eines Tages einmal so geehrt werden würde, so behaupte ich, würde ich es für ebenso lächerlich und unwahrscheinlich gehalten haben, als wenn man mir gesagt hätte, daß ich zum König von England erwählt worden sei.

Während meines zweiten Jahres in Edinburgh besuchte ich Jamesons Vorlesungen über Geologie und Zoologie; sie waren aber unglaublich langweilig. Die einzige Wirkung, die sie auf mich hervorbrachten, war der Entschluß, niemals, solange ich lebte, ein Buch über Geologie zu lesen oder in irgendeiner Weise diese Wissenschaft zu studieren. Und doch bin ich dessen

[7] Von R. Jameson 1808 gegründete naturwissenschaftliche Gesellschaft, benannt nach dem Freiberger Gelehrten Werner.

gewiß, daß ich auf eine philosophische Behandlung des Gegenstandes vorbereitet war, denn ein alter Mr. Cotton in Shropshire, der von Gesteinen ziemlich viel wußte, hatte mich zwei oder drei Jahre früher auf einen bekannten großen Findlingsblock in der Stadt Shrewsbury, der »bell-stone« genannt wurde, aufmerksam gemacht und mir gesagt, daß ein Gestein von derselben Art an keinem näheren Ort als in Cumberland oder Schottland zu finden sei, wobei er mir feierlich die Versicherung gab, daß die Welt eher untergehen würde, ehe irgend jemand imstande sein würde zu erklären, wie der Stein an den Ort, wo er jetzt lag, gekommen sei. Dies machte einen tiefen Eindruck auf mich, und ich habe lange über diesen wunderbaren Stein nachgedacht. Ich empfand daher das größte Entzücken, als ich zum ersten Male von der Fähigkeit der Eisberge, erratische Blöcke[8] fortzuführen, las, und ich war stolz auf die Fortschritte der Geologie. Ebenso verblüffend ist die Tatsache, daß ich, obschon jetzt siebenundsechzig Jahre alt, den Professor Jameson auf einer Exkursion zu den Salisbury Craigs über einen Trappgang, mit amygdaloiden [mandelförmigen] Rändern und auf beiden Seiten mit verdichteten Schichten und rings von vulkanischen Gesteinen umgeben, sich verbreiten und sagen hörte, daß es eine von oben her mit Sediment ausgefüllte Spalte sei, wobei er spöttelnd hinzufügte, es gebe Leute, die behaupteten, der Gang habe von unten her im geschmolzenen Zustande die Spalte gefüllt. Wenn ich an diese Vorlesung denke, so wundere ich mich nicht, daß ich mich entschloß, mich niemals mit Geologie zu befassen.

Durch den Besuch von Jamesons Vorlesungen wurde ich mit dem Kurator des Museums, Mr. Macgillivray, bekannt, der später ein großes und ausgezeichnetes Buch über die Vögel von Schottland herausgegeben hat. Er war nicht sehr auf sein Äußeres und seine Manieren bedacht, aber ich habe mit ihm sehr interessante Gespräche über Naturgeschichte geführt, und er war sehr freundlich zu mir. Er gab mir einige seltene Muscheln, denn zu jener Zeit sammelte ich Meeresmollusken, aber ohne sonderlichen Eifer.

---

[8] Felsblock, der mit Gletschern oder Inlandeis weit von seiner Heimat verschleppt worden ist. Eine unzulängliche Erklärung für das Antreffen erratischer Blöcke aufgrund von »Überschwemmungen« ließ eine andere Theorie entstehen, nach der die Blöcke durch schwimmende Eisberge transportiert worden sind. Erst Ende der dreißiger Jahre des 19. Jahrhunderts wurde von Louis Agassiz die Gletschertheorie aufgestellt.

Meine Sommerferien während dieser zwei Jahre waren gänzlich dem Vergnügen gewidmet, obschon ich immer irgendein Buch bei der Hand hatte, das ich mit Interesse las. Während des Sommers 1826 unternahm ich mit zwei Freunden eine lange Fußwanderung mit dem Tornister auf dem Rücken durch Nordwales. An den meisten Tagen gingen wir dreißig Meilen, einschließlich der Besteigung des Snowdon[9] an einem Tage. Ich machte auch mit meiner Schwester Caroline eine Tour zu Pferde durch Nordwales, wobei uns ein Diener unsere Sachen in Satteltaschen nachbrachte. Die Herbstzeit war der Jagd gewidmet, hauptsächlich bei Mr. Owen in Woodhouse[10] und bei meinem Onkel Jos [Josiah Wedgwood] in Maer. Mein Eifer war dabei so groß, daß ich meine Jagdstiefel zum Anziehen fertig an mein Bett zu stellen pflegte, wenn ich zu Bett ging, damit ich nicht eine halbe Minute Zeit beim Anziehen derselben am anderen Morgen verlöre, und bei einer Gelegenheit erreichte ich einen entfernt gelegenen Teil der Besitzung Maer am 20. August zur Birkhuhnjagd, noch ehe es hell wurde. Ich habe dann mit dem Wildhüter den ganzen Tag lang dichte Heide und jungen Fichtenwald durchstreift. Ich führte ein genaues Tagebuch über alle Vögel, die ich während der ganzen Jagdzeit schoß. Als ich eines Tages in Woodhouse mit Captain Owen, dem ältesten Sohn, und Major Hill, seinem Vetter, später Lord Berwick, auf der Jagd war, glaubte ich, man behandle mich ganz schändlich; denn jedesmal, nachdem ich geschossen und gemeint hatte, den Vogel getroffen zu haben, tat einer von den beiden immer so, als lade er seine Flinte wieder, und rief mir zu: »Sie dürfen den Vogel nicht rechnen, da ich gleichzeitig geschossen habe!« Der Wildhüter, der den Scherz verstand, unterstützte sie. Nach ein paar Stunden erzählten sie mir den Scherz; für mich war es aber kein Spaß, denn ich hatte eine große Anzahl von Vögeln geschossen, wußte aber nun nicht, wie viele, und konnte sie daher nicht auf meine Liste setzen, welche ich so zu führen pflegte, daß ich in eine in das Knopfloch gebundene Schnur einen Knoten machte. Das hatten meine bösen Freunde bemerkt.

Wie sehr genoß ich doch die Freuden der Jagd! Ich glaube aber, ich muß doch halb unbewußt über meinen Eifer beschämt gewesen sein, denn ich versuchte mich zu überreden, daß das Jagen beinahe eine intellektuelle Betätigung sei; es erforderte so

[9] Der höchste Berg von England und Wales (1085 m).
[10] Gutsbesitzer; mit den Darwins eng befreundet.

viel Geschicklichkeit, zu beurteilen, wo das meiste Wild zu finden sei, und die Hunde gut zu führen.

Einer meiner herbstlichen Besuche in Maer im Jahre 1827 war mir deshalb denkwürdig, weil ich dort Sir J. Mackintosh traf, der der beste Unterhalter war, dem ich je zugehört habe. Ich erfuhr später mit einem Anflug von Stolz, daß er von mir gesagt hatte: »In dem jungen Mann steckt etwas, was mich interessiert.« Dies muß hauptsächlich eine Folge des Umstandes gewesen sein, daß ich alles, was er sagte, mit großem Interesse anhörte; denn was seine Themen aus der Geschichte, Politik oder Moralphilosophie betraf, war ich so unwissend wie ein Esel. Aus dem Munde einer ausgezeichneten Persönlichkeit Lob zu erhalten, ist, obgleich dadurch leicht oder ganz sicher die Eitelkeit angeregt wird, doch, wie ich meine, gut für einen jungen Mann, da es ihm hilft, auf dem rechten Wege zu bleiben.

Meine Besuche in Maer während dieser zwei oder drei aufeinanderfolgenden Jahre waren ganz entzückend, ganz abgesehen von dem herbstlichen Jagdvergnügen. Das Leben war dort vollkommen frei; die Gegend war sehr geeignet zum Spazierengehen wie zum Reiten; am Abend fand sich viel sehr angenehme Unterhaltung, nicht so persönlicher Art, wie es in großen Familiengesellschaften meistens der Fall ist, und außerdem Musik. Im Sommer pflegte die ganze Familie häufig auf den Stufen der alten Säulenvorhalle zu sitzen, vor sich den Blumengarten; der steil abfallende bewaldete Abhang gegenüber dem Hause spiegelte sich in dem See, aus welchem dann und wann ein Fisch hervorschnellte oder auf dem ein Wasservogel herumruderte. Nichts hat ein lebendigeres Bild in meiner Seele hinterlassen als jene Abende in Maer. Ich hing auch mit großer Liebe und Verehrung an meinem Onkel Jos; er war schweigsam und zurückhaltend, so daß man ihn mit einer gewissen ehrfürchtigen Scheu betrachtete; zuweilen sprach er aber ganz offen und frei mit mir. Er war ganz der Typus eines aufrichtigen Menschen mit dem klarsten Urteil. Ich glaube, daß keine Gewalt der Erde ihn dazu hätte bringen können, auch nur einen Zollbreit von dem abzuweichen, was er für den rechten Weg hielt. Ich pflegte auf ihn im Geiste die bekannte Ode des Horaz anzuwenden, die ich jetzt wieder vergessen habe, in welcher aber die Worte vorkommen: »nec vultus tyranni« etc.[11]

---

[11] Darwin meint die erste Strophe der ›Römerode‹ (III, 3); sie lautet: Iustum et tenacem propositi virum / non civium ardor prava jubentium, / non voltus

Nachdem ich zwei Studienjahre in Edinburgh zugebracht hatte, bemerkte mein Vater, oder er hörte es von meinen Schwestern, daß mir der Gedanke, Arzt zu werden, nicht angenehm sei; so schlug er mir vor, ich solle Geistlicher werden. Er widersetzte sich mit vollem Recht heftig der Ansicht, daß ich ein fauler, vergnügungssüchtiger Mensch würde, was damals meine wahrscheinliche Bestimmung zu sein schien. Ich bat mir eine Bedenkzeit aus, da ich nach dem wenigen, was ich über den Gegenstand gehört oder gedacht hatte, Skrupel hatte, meinen Glauben an alle Dogmen der Kirche von England zu erklären; doch mir gefiel andererseits der Gedanke, Landgeistlicher zu werden. Infolgedessen las ich mit großer Aufmerksamkeit Pearsons ›Über die Glaubensformen‹ und einige andere Bücher über Theologie, und da ich damals nicht den geringsten Zweifel an der strikten und wörtlichen Wahrheit jedes Wortes in der Bibel hatte, überredete ich mich bald, daß unser Glaubensbekenntnis vollständig angenommen werden müsse. Auch fiel es mir nicht im geringsten auf, wie unlogisch es ist zu sagen, ich glaube an etwas, was ich nicht verstehen kann und was in der Tat unbegreiflich ist. Ich könnte völlig wahrheitsgemäß sagen, daß ich nie den Wunsch verspürt habe, dieses oder jenes Dogma anzufechten, aber nie war ich ein solcher Dummkopf, daß ich »Credo quia incredibile«[12] fühlte und sprach.

Wenn ich daran denke, wie heftig ich von den Orthodoxen angegriffen worden bin, so erscheint es mir spaßig, daß ich einmal beabsichtigt habe, Geistlicher zu werden. Auch ist diese Absicht und meines Vaters Wunsch niemals formell aufgegeben worden, sondern ist eines natürlichen Todes gestorben, als ich beim Verlassen von Cambridge als Naturforscher an Bord der »Beagle« ging. Wenn man sich auf die Phrenologen[13] verlassen kann, so war ich in einer Beziehung zu einem Geistlichen ganz

---

instantis tyranni / mente quatit solida ... – Den edlen, seinem Vorsatz treuen Mann / erschüttert nicht in seinem festen Sinn die Glut der Bürger, / welche Unrecht heischen, nicht des Tyrannen drohender Blick ... (Q. Horatius Flaccus: Oden und Epoden. Lateinisch und Deutsch. Übersetzt von Christian Friedrich Karl Herzlieb und Johann Peter Uz. Zürich, München 1981, S. 190/191).

[12] »Ich glaube, weil es unglaublich ist«.

[13] Nach der Schädellehre des Arztes Franz Joseph Gall, später Phrenologie genannt, sollen geistige Eigenschaften an der Form des Kopfes zu erkennen sein.

geeignet. Vor wenigen Jahren baten mich die Sekretäre einer deutschen psychologischen Gesellschaft ernstlich in einem Brief um meine Photographie; einige Zeit darauf erhielt ich die Berichte über eine ihrer Sitzungen, in der, wie es scheint, die Form meines Kopfes der Gegenstand einer öffentlichen Diskussion gewesen ist. Dabei hatte einer der Redner erklärt, daß der Höker der Ehrfurcht bei mir in einer für zehn Priester genügenden Entwicklung vorhanden sei.

Da es entschieden war, daß ich Geistlicher werden sollte, war es notwendig, daß ich eine der englischen Universitäten besuchte, um dort einen akademischen Grad zu erlangen; da ich aber, seit ich die Schule verlassen hatte, niemals wieder ein klassisches Buch aufgeschlagen hatte, fand ich zu meinem Entsetzen, daß ich in den zwei dazwischenliegenden Jahren faktisch alles und, so unglaublich es auch klingen mag, selbst ein paar griechische Buchstaben vergessen hatte. Ich ging daher nicht zu der üblichen Zeit, im Oktober, nach Cambridge, sondern arbeitete mit einem Privatlehrer in Shrewsbury und ging erst nach den Weihnachtsferien, Anfang des Jahres 1828, dahin. Ich erreichte den Stand meiner Schulkenntnisse bald wieder und war imstande, leichte griechische Bücher, wie den Homer und das Neue Testament, mit mäßiger Gewandtheit zu übersetzen.

Während der drei Jahre, die ich in Cambridge zubrachte, war meine Zeit, was die akademischen Studien anbelangt, ebenso vollständig verschwendet wie in Edinburgh und auf der Schule. Ich versuchte mich auch in Mathematik und ging selbst während des Sommers 1828 mit einem Privatlehrer (einem sehr langweiligen Mann) nach Barmouth; ich kam aber sehr langsam voran. Die Arbeit war mir zuwider, hauptsächlich deshalb, weil ich die Bedeutung der ersten Stufen der Algebra nicht einsehen konnte. Diese Ungeduld war sehr töricht, und in späteren Jahren habe ich es tief bedauert, daß ich nicht weit genug gekommen war, um wenigstens etwas von den großen leitenden Grundsätzen der Mathematik zu verstehen, denn in dieser Weise ausgerüstete Leute scheinen noch einen Extra-Sinn zu besitzen. Ich glaube aber nicht, daß es mir jemals gelungen wäre, bis über eine sehr niedere Stufe hinauszukommen. Was die klassischen Studien betrifft, so tat ich nichts, den Besuch einiger weniger Zwangskollegien ausgenommen, und dieser Besuch war beinahe nur nominell. In meinem zweiten Jahre mußte ich einen oder zwei Monate arbeiten, um das erste Vorexamen zu bestehen, was ich mit Leichtigkeit tat. Ferner arbeitete ich in meinem letzten Jahr mit einigem Ernst für mein abschließendes Bakkalaureatsexamen und repetierte meine klassischen Studien, ebenso wie ein wenig Algebra und Euklid; letzterer machte mir, wie es schon auf der Schule der Fall gewesen war, viel Vergnügen. Um das Bakkalaureatsexamen zu bestehen, war es notwendig, auch Paleys ›Beweise für das Christentum‹ und seine ›Moralphilosophie‹ sich genau einzuprägen. Dies tat ich in einer gründlichen Art, und ich bin überzeugt, ich hätte die ganzen ›Beweise‹ vollkommen korrekt, wenn auch natürlich nicht in der klaren Sprache Paleys, niederschreiben können. Die Logik dieses Buches und, wie ich hinzufügen will, die seiner ›Natürlichen Theologie‹ machte mir ebensoviel Freude wie Euklid. Das sorgfältige Studium dieser Werke, und zwar ohne den Versuch, irgendeinen Teil davon auswendig zu lernen, war der einzige Teil meines akademischen Studiums, der, wie ich damals fühlte und wie ich auch jetzt noch glaube, für die Bildung meines Geistes von geringstem Nutzen war. Ich beunruhigte mich damals nicht mit Paleys Voraussetzungen, und da ich diese auf Treu und Glauben annahm, so war ich von der umständlichen Beweisführung entzückt und überzeugt. Dadurch, daß ich die Examensfragen aus Paley gut beantwortete, daß ich Euklid gut bestand und in den klassischen Fächern nicht elend durchfiel, errang ich eine gute Position unter »οἱ πολλοί« [Vielzahl, Menge] oder der Masse der Leute, die das Examen nicht um einer Auszeichnung willen machen. Merkwürdigerweise kann ich mich nicht erinnern, wie weit oben ich in der Reihe stand; mein Gedächtnis schwankt zwischen der Ansicht, daß mein Name der fünfte, zehnte oder zwölfte auf der Liste war.

Über mehrere Wissenszweige wurden an der Universität öffentliche Vorlesungen gehalten, deren Besuch ganz freiwillig war; mir waren aber die Vorlesungen in Edinburgh so zuwider gewesen, daß ich nicht einmal Sedgwicks beredte und interessante Vorlesungen besuchte. Hätte ich es getan, so wäre ich wahrscheinlich schon früher Geologe geworden. Ich besuchte jedoch Henslows Vorlesungen über Botanik und liebte sie sehr wegen ihrer außerordentlichen Klarheit und der wundervollen Anschauungsbeispiele; ich studierte aber nicht Botanik. Henslow pflegte seine Schüler, einschließlich mehrere der älteren Mitglieder der Universität, zu Fuß oder zu Wagen auf Exkursionen zu fernen Orten oder in einem großen Boot den Fluß hinab mitzunehmen und hielt dann Vorträge über die seltenen

Pflanzen und Tiere, die beobachtet wurden. Diese Exkursionen waren herrlich.

Obgleich es, wie wir sofort sehen werden, einige erfreuliche Momente in meinem Leben in Cambridge gab, so war doch meine Zeit dort in trauriger Weise vergeudet, und schlimmer als vergeudet. Infolge meiner Leidenschaft für das Schießen und Jagen und, wenn dies nicht anging, für das Reiten über Land geriet ich in eine ausgelassene Gesellschaft, in der sich einige liederliche, gemeine junge Leute befanden. Wir tafelten oft am Abend zusammen obschon an diesen Mahlzeiten häufig angesehenere Männer teilnahmen, und tranken zuweilen zuviel, sangen lustige Lieder und spielten später Karten. Ich weiß wohl, daß ich mich der auf solche Art verlebten Tage und Abende schämen sollte; da aber einige meiner Freunde sehr angenehm und wir alle in bester Stimmung waren, so kann ich nicht anders als mit großem Vergnügen auf diese Zeiten zurückblicken.

Ich freue mich aber, wenn ich daran denke, daß ich noch viele weitere Freunde von einer ganz anderen Art hatte. Ich war sehr gut bekannt mit Whitley, der später das mathematische Abschlußexamen als Bester bestand, und wir machten regelmäßig lange Spaziergänge zusammen. Er rief in mir den Geschmack an Gemälden und guten Kupferstichen wach, von denen ich einige kaufte. Ich ging häufig in die Fitzwilliam-Galerie[14], und mein Geschmack muß ziemlich gut gewesen sein, denn ganz sicher waren es die besten Bilder, über die ich mich mit dem alten Kurator unterhielt. Ich las auch mit großem Interesse Sir J. Reynolds' Buch[15]. Obgleich diese Neigung bei mir nicht natürlich war, so hielt sie doch mehrere Jahre lang an, und viele von den Gemälden in der Nationalgalerie in London machten mir sehr große Freude; das von Sebastiano del Piombo erregte in mir ein Gefühl des Erhabenen.[16]

Ich geriet auch in eine musikalische Gesellschaft, ich glaube durch Vermittlung meines warmherzigen Freundes Herbert, der in der Reihe der Bestbestandenen eine hohe Ziffer erreichte. Durch den Umgang mit diesen Männern und dadurch, daß ich sie spielen hörte, entstand in mir eine große Neigung für die Musik, und ich richtete häufig meine Spaziergänge so ein, daß

[14] Kunstgalerie der Universität Cambridge.
[15] Joshua Reynolds (1723–1792), Maler und Kunsttheoretiker. Darwin spricht offensichtlich von dem Buch Reynolds, das dessen Vorlesungen über Ästhetik enthält.
[16] Darwin meint möglicherweise die ›Auferstehung des Lazarus‹.

ich an Wochentagen die Motette in der Kapelle von King's College hörte. Dies bereitete mir große Freude, so daß es mir zuweilen den Rücken hinab schauerte. Ich bin ganz sicher, daß dies keine Affektation oder eine Nachahmung des Geschmacks anderer war, denn meist ging ich ganz allein zum King's College und engagierte zuweilen die Chorknaben, daß sie in meinem Zimmer sängen. Trotz allem fehlt es mir so gänzlich an Gehör, daß ich eine Dissonanz nicht bemerke und weder Takt halten noch eine Melodie korrekt summen kann; es ist mir ein Rätsel, wie mir Musik überhaupt hat Vergnügen machen können.

Meine musikalischen Freunde erkannten bald meinen Zustand und amüsierten sich zuweilen damit, mich einer Prüfung zu unterwerfen, die darin bestand, daß sie ermittelten, wieviel Melodien ich unterscheiden konnte, wenn dieselben schneller oder langsamer als gewöhnlich gespielt wurden. Wenn ›God save the King‹ in dieser Weise gespielt wurde, war es für mich ein schwer zu lösendes Rätsel. Es fand sich unter den Leuten noch ein anderer junger Mann, der ein fast ebenso schlechtes Gehör wie ich hatte, und merkwürdigerweise spielte er ein wenig Flöte. Einmal feierte ich den Triumph, ihn in einer unserer musikalischen Prüfungen zu besiegen.

Aber keiner Beschäftigung wurde in Cambridge mit nur annähernd so viel Eifer nachgegangen und keine machte mir so viel Freude wie das Sammeln von Käfern. Es war die bloße Leidenschaft des Sammelns, denn ich sezierte sie nicht, verglich auch nur selten ihre äußeren Merkmale mit den veröffentlichten Beschreibungen; aber ich bekam auf irgendeine Weise ihre Namen heraus. Ich will einen Beweis meines Eifers mitteilen: Als ich eines Tages ein Stück alte Rinde abriß, sah ich zwei seltene Käfer und ergriff mit jeder Hand einen. Dann sah ich auf einmal einen dritten, noch dazu eine neue Art, dessen Verlust ich nicht hätte ertragen können; ich steckte daher den in meiner rechten Hand schnell in den Mund. Leider spritzte er aber da sofort eine intensiv scharfe Flüssigkeit aus, die mir auf der Zunge brannte, so daß ich gezwungen war, ihn auszuspucken; der Käfer war nun verloren, ebenso wie der dritte.

Ich war sehr erfolgreich im Sammeln und erfand zwei neue Methoden: Ich stellte einen Arbeiter an, während des Winters das Moos von alten Bäumen abzukratzen und in einen Sack zu tun und ferner den Abfall auf dem Boden der Boote zu sammeln, mit denen Schilf aus den Sümpfen geholt wurde; auf diese Weise erhielt ich mehrere sehr seltene Arten. Kein Dichter hat eine größere Freude beim Anblick seines ersten gedruckten Gedichtes empfunden, als ich es empfand, als ich in Stephens' ›Illustrations of British Insects‹ die magisch wirkenden Worte sah: »gefangen von C. Darwin, Esq.« In die Entomologie führte mich mein Vetter W. Darwin Fox ein, ein kluger und sehr angenehmer Mann, der damals in Christ's College war und mit dem ich sehr vertraut wurde. Später freundete ich mich mit Albert Way von Trinity [College] an und ging mit ihm sammeln; er ist später ein sehr bekannter Archäologe geworden. Auch mit H. Thompson, von demselben College, wurde ich bekannt, der später ein bedeutender Landwirt, Vorsitzender einer großen Eisenbahngesellschaft und Parlamentsmitglied wurde. Es scheint daher, daß die Neigung zum Käfersammeln ein Hinweis auf späteren Erfolg im Leben ist!

Ich bin überrascht, was für einen unauslöschlichen Eindruck viele Käfer, die ich in Cambridge gefangen habe, in meinem Gedächtnis hinterlassen haben. Ich kann mich ganz genau des Aussehens gewisser Pfähle, alter Bäume und Uferpartien erinnern, wo ich einen guten Fang gemacht habe. Der hübsche *Panagaeus crux-major* war in jenen Tagen ein wahrer Schatz, und hier in Down sah ich einen Käfer über den Weg laufen und erkannte augenblicklich, als ich ihn aufhob, daß er nur unbedeutend von *P. crux-major* abwich; es stellte sich heraus, daß es ein *P. quadripunctatus* war, der nur eine Varietät oder eine sehr nahe verwandte Art ist, die von jener nur unbedeutend im Äußeren abweicht. In jenen alten Zeiten hatte ich *Licinus* niemals lebend gesehen, der sich für ein ungeschultes Auge kaum von den vielen Formen der schwarzen Carabiden [Laufkäfer] unterscheidet; meine Söhne fanden aber hier ein Exemplar, und ich erkannte sofort, daß es mir neu war; und doch hatte ich in den letzten zwanzig Jahren keinen britischen Käfer angesehen.

Einen Umstand habe ich noch nicht erwähnt, der auf meine ganze Karriere mehr als irgendein anderer Einfluß gehabt hat. Das war meine Freundschaft mit Professor Henslow. Ehe ich nach Cambridge kam, hatte ich durch meinen Bruder von ihm als einem Manne gehört, der jeden Zweig der Naturwissenschaften kenne, und demgemäß war ich vorbereitet, ihn besonders zu verehren. Einmal in der Woche hatte er offenes Haus, wo alle Studenten und einige ältere Mitglieder der Universität, die zu den Naturwissenschaften in Beziehung standen, sich des Abends zu versammeln pflegten. Ich erhielt sehr bald, durch Fox, eine Einladung und ging regelmäßig hin. Es dauerte gar nicht lange, da war ich mit Henslow gut bekannt und unternahm während der letzten Hälfte meines Aufenthaltes in Cambridge an den meisten Tagen lange Spaziergänge mit ihm, so daß ich von einigen Dozenten »der Mann, der mit Henslow spazierengeht« genannt wurde; des Abends wurde ich oft eingeladen, am Familiendinner teilzunehmen. Seine Kenntnisse in Botanik, Entomologie, Chemie, Mineralogie und Geologie waren bedeutend. Henslows stärkstes Talent bestand darin, aus lange fortgesetzten minutiösen Beobachtungen Folgerungen zu ziehen. Sein Urteil war ausgezeichnet und sein ganzer geistiger Zustand wohl ausgeglichen; ich glaube aber nicht, daß irgend jemand hätte sagen können, er besäße viel ursprüngliches Genie.

Er war tief religiös und so orthodox, daß er mir eines Tages erzählte, es würde ihn schmerzen, wenn ein einziges Wort in den Neununddreißig Artikeln[17] geändert werden würde. Seine moralischen Eigenschaften waren in jeder Hinsicht bewundernswert. Er war frei von jeder Spur von Eitelkeit oder anderen kleinlichen Gefühlen; und ich habe niemanden sonst gesehen, der so wenig an sich selbst und an das, was ihn betraf, dachte. Seine Stimmung war unzerstörbar gut; dabei hatte er die gewinnendsten und höflichsten Manieren; doch konnte er, wie ich erlebt habe, durch irgendeine schlechte Handlung zur leidenschaftlichen Entrüstung und zum schnellsten Eingreifen erregt werden. Ich habe einmal in seiner Gesellschaft auf den Straßen von Cambridge eine beinahe so schauerliche Szene miterlebt, wie man sie während der Französischen Revolution hätte erleben können. Es waren zwei Leichenräuber[18] arretiert und, während sie ins Gefängnis gebracht werden sollten, dem Constabler von einer Menge der rohesten Leute entrissen worden, die sie an den Beinen die schmutzige und steinige Straße entlang fortschleiften. Sie waren von Kopf bis Fuß mit Schmutz bedeckt, und ihre Gesichter bluteten, entweder weil sie geschlagen worden waren oder von den Steinen; sie sahen wie Leichen aus, aber das Gedränge war so dicht, daß ich nur ein paarmal für einen Augenblick die armen Geschöpfe zu Gesicht bekam. Ich

---

[17] Die Glaubensartikel der Anglikanischen Kirche.
[18] Diese ganze Episode ist deshalb interessant, da sie dokumentarisch belegt, daß die Praxis des Leichenraubes aus Gräbern – um diese Leichen medizinischen Instituten und einzelnen Chirurgen und Anatomen zu verkaufen – in England zur Studienzeit Darwins, das heißt Ende der zwanziger und Anfang der dreißiger Jahre, noch bestanden hat.

habe niemals in meinem ganzen Leben auf dem Gesicht eines Menschen einen solchen Zorn ausgedrückt gesehen, wie ihn Henslow bei dieser schaudervollen Szene zeigte. Er versuchte wiederholt, in die Menge einzudringen; das war aber einfach unmöglich. Er stürzte dann fort zum Bürgermeister, um mehr Polizisten zu holen, und verbot mir, ihm zu folgen. Ich habe den weiteren Ausgang vergessen, ausgenommen, daß die beiden Männer ins Gefängnis geschafft wurden, ehe man sie tötete.

Henslows Güte war unbegrenzt, wie er es durch viele vortreffliche Einrichtungen für die Armen seiner Gemeinde bewiesen hat, als er in späteren Jahren die Pfarrstelle in Hitcham bekleidete. Meine gute Bekanntschaft mit einem solchen Mann sollte doch ein unschätzbarer Vorteil für mich gewesen sein, und ich hoffe, daß sie es auch gewesen ist. Ich kann mir nicht versagen, eine unbedeutende Begebenheit zu erwähnen, die einen Beweis für seine wohlwollende Rücksicht liefert. Als ich einmal einige Pollenkörner auf einer feuchten Unterlage untersuchte, sah ich diese die Schläuche vorstrecken, und augenblicklich rannte ich zu ihm, um ihm meine überraschende Entdeckung mitzuteilen. Nun vermute ich, daß wohl kein anderer Professor der Botanik sich des Lachens hätte erwehren können über die Eile, mit der ich zu ihm gelaufen kam, um ihm eine solche Mitteilung zu machen. Er stimmte mir aber zu, wie interessant die Erscheinung sei, und erklärte mir ihre Bedeutung, ließ mich aber sehr deutlich verstehen, wie gut sie bereits bekannt sei. Ich verließ ihn daher, ohne im geringsten gekränkt zu sein, sondern sehr glücklich, eine so merkwürdige Tatsache für mich allein entdeckt zu haben, entschloß mich aber, bei weiteren Entdeckungen mit meinen Mitteilungen nicht so eilig zu sein.

Dr. Whewell war einer der älteren und bemerkenswerten Männer, die manchmal Henslow besuchten, und bei mehreren Gelegenheiten ging ich spät abends mit ihm nach Hause. Nach Sir J. Mackintosh war er der beste Gesprächspartner für ernste Themen, dem ich jemals zuhörte. Leonard Jenyns (der Enkel des berühmten Soames Jenyns), der später mehrere gute Abhandlungen über Naturgeschichte veröffentlicht hat, wohnte häufig bei Henslow, dessen Schwager er war. Zuerst gefiel er mir wegen seines etwas finsteren und sarkastischen Gesichtsausdruckes nicht; es trifft selten ein, daß der erste Eindruck verblaßt, aber ich hatte mich völlig geirrt und stellte fest, daß er ein weichherziger, angenehmer und humorvoller Mensch ist.

Ich habe ihn in seiner Pfarre an der Grenze des Moorbezirkes (Swaffham Bulbeck) besucht, unternahm manchen schönen Spaziergang und führte manches gute Gespräch über Naturgeschichte mit ihm. Ich wurde auch noch mit mehreren anderen Leuten bekannt, die älter waren als ich und sich nicht viel um Naturwissenschaft kümmerten, aber Freunde von Henslow waren. Einer von ihnen war ein Schotte, Bruder von Sir Alexander Ramsay und Tutor am Jesus College; er war ein reizender Mann, lebte aber nicht lange. Ein anderer war Mr. Dawes, später Dekan von Hereford, berühmt wegen seiner Erfolge in der Erziehung der Armen. Diese und andere Männer von gleichem Rang machten zuweilen mit Henslow Exkursionen weit in das Land hinein, an denen mir teilzunehmen gestattet wurde; sie waren äußerst angenehm.

Wenn ich zurückdenke, so komme ich doch auf den Gedanken, daß etwas Besseres in mir gesteckt haben muß als in der gewöhnlichen Sorte junger Leute, sonst würden mir die eben genannten Männer, die so viel älter waren als ich und auch eine höhere akademische Stellung einnahmen, niemals gestattet haben, mit ihnen zu verkehren. Sicherlich war ich mir einer solchen Überlegenheit nicht bewußt. Denn als einer meiner Jagdfreunde, Turner, mich bei der Arbeit mit meinen Käfern sah und mir sagte, ich würde eines Tages Mitglied der Royal Society werden, kam mir dieser Gedanke ganz abgeschmackt vor.

Während meines letzten Jahres in Cambridge las ich mit Aufmerksamkeit und großem Interesse Humboldts ›Personal Narrative‹. Dieses Buch und Sir J. Herschels ›Introduction to the Study of Natural Philosophy‹ weckten in mir das glühende Bestreben, einen Beitrag, und wenn auch nur den allerbescheidensten, für das erhabene Gebäude der Naturwissenschaften zu liefern. Kein anderes Buch oder ein Dutzend anderer hatte auch nur annähernd einen solchen Einfluß auf mich wie diese beiden. Ich schrieb mir aus Humboldt lange Stellen über Teneriffa ab und las sie auf einer der oben erwähnten Exkursionen (ich glaube) Henslow, Ramsay und Dawes vor; denn bei einer früheren Gelegenheit hatte ich schon über die Schönheiten von Teneriffa gesprochen, und einige aus der Gesellschaft erklärten, sie wollten versuchen hinzukommen; ich glaube aber, es war nur halb im Ernst gemeint. Mir war es indessen voller Ernst, und ich erhielt eine Empfehlung an einen Kaufmann in London, um mich nach Schiffen erkundigen zu können; der Plan wurde aber durch meine Reise auf der »Beagle« völlig gegenstandslos.

Adam Sedgwick

Meine Sommerferien verwendete ich für das Sammeln von Käfern, für einige Lektüre und für kurze Ausflüge. Im Herbst widmete ich meine ganze Zeit der Jagd, hauptsächlich in Woodhouse und Maer, zuweilen auch mit dem jungen Eyton auf Eyton. Im ganzen waren die drei Jahre, die ich in Cambridge zubrachte, die vergnüglichsten meines glücklichen Lebens; denn ich hatte damals eine ausgezeichnete Gesundheit und war beinahe immer in ausgezeichneter Stimmung.

Da ich das erste Mal nach Weihnachten nach Cambridge gekommen war, war ich gezwungen, nach meinem Schlußexamen noch im Anfang des Jahres 1831 zwei Trimester zu bleiben; und da überredete mich Henslow, Geologie zu studieren. Ich untersuchte daher bei meiner Rückkehr nach Shropshire Schichtfolgen und kolorierte eine Karte von Teilen der Umgebung von Shrewsbury. Professor Sedgwick beabsichtigte, Anfang August

Nordwales zu besuchen, um seine berühmten geologischen Untersuchungen der älteren Gesteine fortzusetzen, und Henslow bat ihn, mir die Erlaubnis zu geben, ihn zu begleiten. Dementsprechend kam er und schlief im Hause meines Vaters.

Eine kurze Unterhaltung, die ich an diesem Abend mit ihm hatte, machte auf mich einen tiefen Eindruck. Als ich eine alte Kiesgrube in der Nähe von Shrewsbury untersuchte, erzählte mir ein Arbeiter, daß er eine große abgeriebene Schale einer tropischen Volute[19] darin gefunden habe, wie man sie vielfach auf den Kaminsimsen in Landhäusern sieht. Da er das Gehäuse nicht verkaufen wollte, war ich überzeugt, daß er es wirklich in der Grube gefunden habe. Ich erzählte die Tatsache Sedgwick; er sagte sofort (und zweifellos mit Recht), daß die Schnecke von irgend jemandem in die Grube geworfen worden sein müsse, fügte aber dann hinzu, daß, wenn sie wirklich dort eingeschlossen gewesen wäre, dies das größte Unglück für die Geologie sein würde, da es alles das, was man über die oberflächlichen Ablagerungen in den mittelenglischen Grafschaften wisse, über den Haufen werfen würde. Diese Kiesschichten gehören in der Tat der Glazialperiode an, und in späteren Jahren habe ich zerbrochene arktische Muscheln darin gefunden. Ich war aber damals im höchsten Grade über Sedgwick erstaunt, wie er über eine so wunderbare Tatsache, daß eine tropische Schneckenschale nahe der Oberfläche in der Mitte von England gefunden worden sei, nicht in Entzücken geraten konnte. Obgleich ich verschiedene wissenschaftliche Bücher gelesen hatte, so hat mir doch bis dahin nichts so klar vor Augen geführt, daß Wissenschaft im Zusammenfassen von Tatsachen besteht, so daß allgemeine Gesetze oder Schlüsse aus ihnen gezogen werden können.

Am nächsten Morgen brachen wir auf nach Llangollen, Conway, Bangor und Capel Curig.[20] Diese Tour war für mich von entschiedenem Nutzen, da sie mich ein wenig lehrte, wie man die Geologie einer Gegend zu erforschen habe. Sedgwick veranlaßte mich häufig, einen mit dem seinigen parallelen Weg einzuschlagen, und hieß mich Proben der Gesteine mitbringen und auf einer Karte die Schichtungsverhältnisse angeben. Ich bezweifle nicht, daß er dies in meinem Interesse tat, da ich zu unwissend war, ihm wirklich helfen zu können. Auf dieser Ex-

[19] Meeresschnecke der Familie Volutidae (Walzenschnecken).
[20] Diese Orte, wie auch Cwm Idwal, das weiter unten noch genannt wird, liegen in Nordwales.

kursion erhielt ich einen Beweis dafür, wie leicht es ist, Erscheinungen, wie augenfällig sie auch sein mögen, zu übersehen, wenn sie niemand vorher beobachtet hat. Wir verbrachten viele Stunden in Cwm Idwal und untersuchten alle Gesteinsarten mit äußerster Sorgfalt, da Sedgwick darauf erpicht war, Fossilien in ihnen zu finden. Keiner von uns aber sah die wundervollen Erscheinungen der Gletschertätigkeit, die uns rings umgaben: Wir bemerkten weder die deutlich geschrammten Felsen noch die übereinander gehäuften Findlinge oder die Seiten- und Endmoränen. Und doch sind diese Erscheinungen so offensichtlich, daß, wie ich in einem viele Jahre später im ›Philosophical Magazine‹ erschienenen Aufsatz erklärte, ein durch Feuer zerstörtes Haus seine Geschichte nicht deutlicher erzählen könne als dieses Tal. Wenn dasselbe noch von einem Gletscher ausgefüllt gewesen wäre, dann wären die Erscheinungen weniger deutlich gewesen, als sie heute sind.

In Capel Curig verließ ich Sedgwick und ging in einer geraden Linie nach dem Kompaß und der Karte quer über die Berge nach Barmouth, wobei ich keinem Pfad folgte, wenn er nicht gerade mit meiner Richtung zusammenfiel. Ich kam dabei an manchem fremdartig wilden Ort vorbei und genoß diese Art zu reisen sehr. Ich besuchte Barmouth, um einige Freunde aus Cambridge wiederzusehen, die dort arbeiteten, und kehrte dann nach Shrewsbury und Maer zur Jagd zurück; denn ich würde mich damals für verrückt gehalten haben, wenn ich die ersten Tage der Rebhuhnjagd um der Geologie oder irgendeiner anderen Wissenschaft willen versäumt hätte.

Die Reise der »Beagle« vom 27. Dezember 1831 bis zum 2. Oktober 1836

Als ich von meiner kurzen geologischen Exkursion in Nordwales nach Hause kam, fand ich einen Brief von Henslow vor, der mir mitteilte, daß Kapitän Fitz-Roy bereit sei, einen Teil seiner eigenen Kabine irgendeinem jungen Mann abzutreten, der Lust habe, als freiwilliger Naturforscher ohne Bezahlung mit ihm die Reise auf der »Beagle« zu machen. Ich habe, glaube ich, in meinem handschriftlichen Tagebuch eine Schilderung aller der Umstände gegeben, die damals eintraten. Ich will hier nur erwähnen, daß ich sofort darauf erpicht war, das Angebot anzunehmen; mein Vater machte aber ernstliche Einwendungen und fügte, zu meinem Glück, die Worte hinzu: »Wenn du irgendeinen Mann von gesundem Menschenverstand finden kannst, der dir zu der Reise rät, so will ich meine Zustimmung geben.« Ich schrieb daher noch am selben Abend und lehnte das Angebot ab. Am nächsten Morgen ging ich nach Maer, um für den 1. September bereit zu sein, und während ich auf die Jagd gegangen war, schickte mein Onkel nach mir und erbot sich, mich nach Shrewsbury hinüberzufahren und mit meinem Vater zu sprechen, da er es für weise hielt, daß ich das Angebot annähme. Mein Vater behauptete immer, daß mein Onkel einer der verständigsten Männer der Welt sei und gab deshalb sofort in der freundlichsten Weise seine Zustimmung. Ich war in Cambridge ziemlich verschwenderisch gewesen, und um meinen Vater zu beruhigen, sagte ich ihm, daß »ich verteufelt geschickt sein müßte, wenn ich an Bord der ›Beagle‹ mehr als das mir Ausgesetzte vertun wollte«; er entgegnete mir aber mit einem Lächeln: »Sie sagen mir aber alle, du seist sehr geschickt.«

Am Tage darauf fuhr ich nach Cambridge zu Henslow und von da nach London zu Fitz-Roy, und alles war bald abgemacht. Später, als ich mit Fitz-Roy näher bekannt geworden war, erfuhr ich, daß ich sehr nahe daran gewesen wäre, zurückgewiesen zu werden, und zwar wegen der Form meiner Nase! Er war ein eifriger Anhänger Lavaters und war der Überzeugung, daß er den Charakter eines Menschen nach der Form seiner Gesichtszüge beurteilen könne, und er bezweifelte es, ob irgend jemand mit meiner Nase hinreichende Energie und Entschlossenheit für diese Reise besitzen könne. Ich denke aber, er wurde später davon überzeugt, daß meine Nase falsch prophezeit hatte.

Fitz-Roys Charakter war eigenartig, mit vielen edlen Zügen: Er war seiner Pflicht ergeben, großmütig einem Vergehen gegenüber, kühn, entschlossen und unbezähmbar energisch und ein wahrer Freund für alle, die unter seinem Befehl standen. Er nahm alle mögliche Mühe auf sich, denjenigen zu helfen, die seiner Meinung nach Unterstützung verdienten. Er war ein schöner Mann, in auffallendem Maße ein Gentleman, mit sehr höflichen Manieren, die denen seines Onkels mütterlicherseits, des berühmten Lord Castlereagh, ähnlich waren, wie mir der [englische] Gesandte in Rio sagte. Trotzdem muß er in seinem Äußeren sehr viel von Charles II. geerbt haben, denn Dr. Wallich hat mir einmal eine Sammlung von Photographien gegeben, die er angefertigt hatte, und da fiel mir die Ähnlichkeit einer derselben mit Fitz-Roy auf; als ich nach dem Namen sah, ergab es sich, daß es Ch. E. Sobieski Stuart, Graf von Albanien, ein illegitimer Nachkomme desselben Monarchen, war.

Fitz-Roys Temperament war äußerst unglücklich. Das zeigte sich nicht nur in seiner Leidenschaftlichkeit, sondern auch in seiner lang andauernden Grämlichkeit jenen gegenüber, die ihn beleidigt hatten. Seine Laune war gewöhnlich am schlechtesten am frühen Morgen, und mit seinen Adleraugen konnte er regelmäßig auf dem Schiff etwas entdecken, was nicht in Ordnung war, und dann sparte er nicht mit seinem Tadel. Vormittags bei der Ablösung fragten die jüngeren Offiziere einander, »ob heute viel heißer Kaffee serviert worden sei«, was mit anderen Worten hieß: In welcher Stimmung ist der Kapitän? Er war sogar etwas argwöhnisch und hin und wieder sehr mißgestimmt, was eines Tages fast an Wahnsinn grenzte. Ich hatte den Eindruck, daß es ihm häufig an Urteilsvermögen und an gesundem Menschenverstand mangele. Er war gegen mich sehr freundlich, aber er war ein Mensch, mit dem sehr schwer auf so gutem Fuße zu leben war, wie es notwendig gewesen wäre, da wir in ein und derselben Kajüte zu wirtschaften hatten. Wir haben uns mehrere Male gestritten, denn wenn er ungehalten war, war er äußerst unvernünftig, so zum Beispiel schon zu Anfang der Reise in Bahia in Brasilien: Er verteidigte die Sklaverei und pries sie hoch, während ich sie verabscheute; er erzählte mir, er habe soeben einen großen Sklavenbesitzer besucht, der viele seiner Sklaven aufgerufen und sie gefragt hätte, ob sie glücklich wären und ob sie wünschten, frei zu sein, worauf sie alle mit »Nein« geantwortet hätten. Ich fragte ihn dann, vielleicht etwas spöttisch, ob er der Ansicht sei, daß die Antwort von Sklaven in Gegenwart ihres Herrn irgend etwas wert sei. Dies machte ihn außerordentlich wütend; er sagte mir, da ich sein Wort bezweifelte, so könnten wir nicht länger miteinander weiterleben. Ich dachte wirklich, daß ich gezwungen sein würde, das Schiff zu verlassen; sobald sich aber diese Nachricht verbreitete, was schnell geschah, da der Kapitän nach dem Ersten Leutnant schickte, um seinem Ärger in heftigem Geschimpfe auf mich Luft zu machen, wurde ich dadurch tief befriedigt, daß ich von allen Offizieren der Geschützkammer eine Einladung erhielt, zu ihnen zu ziehen. Nach wenigen Stunden aber bewies Fitz-Roy seine gewöhnliche Hochherzigkeit dadurch, daß er einen Offizier mit einer Entschuldigung und der Bitte zu mir schickte, wieder wie früher mit ihm in seiner Kajüte zu wohnen. Ich entsinne mich eines anderen Falls, der seine Aufrichtigkeit charakterisiert. In Plymouth ärgerte er sich, bevor wir in See stachen, sehr über einen Geschirrhändler, der sich weigerte, einige in seinem Laden gekaufte Gegenstände umzutauschen. Der Kapitän erkundigte sich nach dem Preis eines sehr teuren Porzellanservices und sagte: »Ich hätte es erworben, wenn Sie nicht so unfreundlich gewesen wären.« Da ich wußte, daß in der Kapitänskajüte reichlich Geschirr vorhanden war, zweifelte ich, ob er wirklich eine solche Absicht hatte; ich sagte kein Wort, aber meine Zweifel mußten sich in meinem Gesicht widergespiegelt haben. Als wir den Laden verlassen hatten, blickte er mich an und sagte: »Sie haben meinen Worten nicht geglaubt!« Ich mußte gestehen, daß es so war. Nach einigen Minuten Schweigens sagte er: »Sie haben Recht, ich habe mich durch meinen Zorn auf diesen Schurken dazu hinreißen lassen.«

In Concepción, in Chile, hatte sich der arme Fitz-Roy stark überanstrengt und war sehr mißgestimmt. Er beklagte sich bitter bei mir, daß er für alle Ortsbewohner ein großes Fest veranstalten müsse. Ich erwiderte ihm, daß er das unter diesen Umständen nicht tun müsse, aber da geriet er in Wut und erklärte mir, daß ich zu der Sorte Menschen gehörte, die jede beliebige Gefälligkeit annehme und sich dafür nicht erkenntlich zeige. Ohne ein Wort zu sagen, stand ich auf, verließ die Kajüte und fuhr nach Concepción, wo ich zu dieser Zeit wohnte. Nach einigen Tagen kehrte ich auf das Schiff zurück, und der Kapitän empfing mich mit der gewohnten Herzlichkeit, da sich inzwischen der Sturm vollständig gelegt hatte. Aber der Erste Offizier sagte mir: »Der Teufel soll Sie holen, Philosoph, es wäre besser, Sie würden sich nicht mit dem Kapitän streiten! An jenem Tag, als Sie das Schiff verlassen hatten, war ich todmüde (das Schiff befand sich in Reparatur), aber er ließ mich bis Mitternacht mit ihm über Deck gehen und schimpfte die ganze Zeit auf Sie.« Die Schwierigkeit, gute Beziehungen zu dem Kapitän eines Kriegsschiffes zu unterhalten, wird sowohl dadurch vergrößert, daß man fast als ein Meuterer erscheint, wenn man ihm wie einem beliebigen anderen Menschen antworten würde, als auch durch jene Furcht, die alle, die sich an Bord befinden, vor ihm haben – oder in jener Zeit, als ich zur See fuhr, hatten. Ich erinnere mich an einen interessanten Vorfall, den man mir über den Proviantmeister des Schiffes »Adventure«, das zusammen mit der »Beagle« seine erste Seereise durchführte, erzählte. In einem Geschäft in Rio de Janeiro kaufte der Proviantmeister Rum für die Schiffsbesatzung ein, als plötzlich ein kleiner Herr in Zivil den Laden betrat. Der Proviantmeister wandte sich an ihn: »Seien Sie so gut, Sir, probieren Sie den Rum, und sagen Sie mir Ihre Meinung dazu.« Der Herr erfüllte den Wunsch und verließ bald darauf das Geschäft. Danach fragte der Geschäftsinhaber den Proviantmeister, ob er wüßte, daß er sich an den Kapitän eines eben in den Hafen eingelaufenen Linienschiffes gewandt habe. Der arme Proviantmeister war wie gelähmt vor Entsetzen, das Glas mit Rum entfiel seiner Hand, er begab sich sofort auf sein Schiff, und nichts konnte ihn, wie mir ein Offizier von der »Adventure« versicherte, dazu bewegen, noch einmal an Land zu gehen, da er nach seinem so familiären Verhalten Angst hatte, dem Kapitän zu begegnen.

Nach der Rückkehr in die Heimat traf ich Fitz-Roy nur noch selten, denn ich fürchtete mich immer irgendwie, unbedacht seinen Zorn hervorzurufen, und dennoch kam es einmal dazu, wobei eine Versöhnung fast unmöglich wurde. Später war er deshalb über mich empört, daß ich ein so lästerliches Buch (er war sehr religiös) wie die ›Entstehung der Arten‹ veröffentlicht hatte. Gegen Ende seines Lebens soll er völlig verarmt sein, was zum großen Teil auf seine Freigebigkeit zurückzuführen gewesen sein soll. Jedenfalls wurde nach seinem Tod eine Sammlung zur Begleichung seiner Schulden durchgeführt. Die letzte Zeit seines Lebens war finster und er endete durch Selbstmord, genauso wie sein Onkel Lord Castlereagh, dem er in seinem Benehmen und Äußeren glich. In verschiedener Hinsicht war sein Charakter der edelste, den ich je kennengelernt habe. Jedoch wies er auch ernste Mängel auf.

Die Reise der »Beagle« ist das bei weitem bedeutungsvollste Ereignis in meinem Leben gewesen und hat meine ganze Laufbahn bestimmt; und doch hing sie von einem so nebensächlichen Umstand ab wie dem Angebot meines Onkels, mich dreißig Meilen weit nach Shrewsbury zu fahren, was wenige Onkel getan haben würden, und von einer so geringfügigen Kleinigkeit wie der Form meiner Nase. Ich habe stets gefühlt, daß ich der Reise die erste wirkliche Zucht oder Erziehung meines Geistes verdanke. Ich wurde dazu angehalten, mehreren Zweigen der Naturgeschichte eingehende Aufmerksamkeit zu widmen, und dadurch wurde meine Beobachtungsgabe geschärft, obgleich sie schon gut entwickelt war.

Von viel größerer Bedeutung war die Untersuchung der geologischen Verhältnisse der Orte, die wir besuchten, da hier das Urteilen und Schlußfolgern einsetzte. Bei der ersten Untersuchung eines neuen Gebietes dürfte kaum etwas so hoffnungslos erscheinen wie das Chaos der Gesteinsarten; dadurch aber, daß man die Schichtung und Beschaffenheit der Gesteine und der Fossilien an vielen Stellen registriert, dabei immer schließend und voraussagend, was anderswo zu finden sein wird, beginnt es bald über dem ganzen Gebiet zu tagen, und der Bau des Ganzen wird mehr oder weniger verständlich. Ich hatte den ersten Band von Lyells ›Principles of Geology‹ mitgenommen, den ich aufmerksam studierte, und das Buch war in vieler Beziehung von größtem Nutzen für mich. Schon der erste Ort, den ich untersuchte, nämlich São Tiago auf den Kapverdischen Inseln, zeigte mir deutlich die wunderbare Überlegenheit der Art und Weise Lyells, Geologie zu behandeln, im Vergleich mit der jedes anderen Autors, dessen Werke ich entweder bei mir hatte oder irgendwann später gelesen habe.

Eine andere Seite meiner Beschäftigungen war das Sammeln von Tieren aller Klassen, wobei ich viele der marinen Formen kurz beschrieb und oberflächlich sezierte; aber weil ich nicht zeichnen konnte und weil ich nicht genügend anatomische Kenntnisse besaß, hat sich ein großer Haufen von Manuskripten, die ich während der Reise geschrieben habe, als beinahe nutzlos herausgestellt. Ich habe in dieser Weise viel Zeit verloren, mit Ausnahme der, die ich darauf verwandte, mir einige Kenntnisse der *Crustaceen* [Krebstiere] zu verschaffen, da mir dies von Nutzen war, als ich in späteren Jahren es unternahm, eine Monographie der *Cirripedien* [Rankenfüßler] zu schreiben.

Während eines Teiles des Tages schrieb ich mein Tagebuch und gab mir alle Mühe, sorgfältig und lebendig alles zu beschreiben, was ich gesehen hatte; und das war eine gute Übung. Mein Tagebuch diente mir auch zum Teil als Briefe in meine Heimat, und Stücke davon wurden nach England geschickt, sobald sich eine Gelegenheit dazu bot.

Die oben erwähnten verschiedenartigen Studien waren indessen von keiner Bedeutung, verglichen mit der Gewohnheit, mit energischem Fleiß und konzentrierter Aufmerksamkeit, was ich mir beides aneignete, alles das zu tun, womit ich nur immer beschäftigt war. Alles, worüber ich nachdachte oder was ich las, brachte ich in direkte Beziehung zu dem, was ich gesehen hatte und höchstwahrscheinlich sehen würde, und diese geistige Gewohnheit wurde während der fünf Jahre der Reise beibehalten. Ich bin sicher, daß diese Übung es war, die mich dazu befähigt hat, das in der Wissenschaft zu leisten, was ich etwa geleistet habe.

Wenn ich zurückblicke, so kann ich wohl bemerken, wie meine Liebe zur Naturwissenschaft allmählich alle meine anderen Neigungen überwog. Während der ersten zwei Jahre hielt meine alte Leidenschaft für das Jagen noch in voller Stärke an, und ich schoß alle Vögel und andere Tiere für meine Sammlung selbst. Allmählich aber gab ich mein Gewehr immer mehr und mehr an meinen Gehilfen ab und endlich vollständig, da mich das Jagen bei meiner Arbeit störte und ganz besonders bei der Untersuchung der geologischen Struktur eines Landes. Ich machte die Entdeckung, obgleich unbewußt und ohne es zu bemerken, daß das Vergnügen zu beobachten, zu schließen und zu urteilen viel höher stand als das der Geschicklichkeit und des Jagens. Die Urinstinkte des Wilden machten in mir allmählich den erworbenen Neigungen des zivilisierten Menschen Platz. Daß sich mein Verstand infolge meiner Bestrebungen während der Reise entwickelt hat, wird durch eine Bemerkung verdeutlicht, die mein Vater machte, der der scharfsinnigste Beobachter war, den ich je gesehen habe, von skeptischer Einstellung und weit entfernt, an Phrenologie zu glauben; denn als er mich nach der Reise zum ersten Male sah, drehte er sich zu meinen Schwestern um und sagte: »Ei, die Gestalt seines Kopfes ist ganz anders geworden.«

Um aber auf die Reise zurückzukommen: Am 11. September [1831] stattete ich mit Fitz-Roy der »Beagle« in Plymouth einen flüchtigen Besuch ab. Von da ging ich nach Shrewsbury, um meinem Vater und meinen Schwestern für lange Zeit Lebewohl zu sagen. Am 24. Oktober verlegte ich meinen Wohnsitz nach Plymouth und blieb dort bis zum 27. Dezember, als die »Beagle« endlich die Küsten Englands zu ihrer Weltumsegelung verließ. Wir unternahmen vorher schon zwei Versuche auszulaufen, wurden aber beide Male durch heftige Stürme zurückgetrieben. Diese zwei Monate in Plymouth waren die elendsten, die ich je erlebt habe, obwohl ich mich in verschiedener Hinsicht angestrengt beschäftigte. Bei dem Gedanken, meine ganze Familie und alle meine Freunde auf eine so lange Zeit zu verlassen, verfiel ich in eine sehr gedrückte Stimmung, und das Wetter schien mir ganz unaussprechlich trübe. Ich wurde auch durch Herzklopfen und Schmerzen in der Herzgegend beunru-

Die »Beagle« in der Magellan-Straße (1834)

higt und war, wie so viele unwissende junge Leute, besonders wie einer mit oberflächlichen medizinischen Kenntnissen, überzeugt, daß ich einen Herzfehler hätte. Ich konsultierte aber keinen Arzt, da ich damit rechnete, von ihm hören zu müssen, daß ich zur Reise untauglich sei, und ich war doch entschlossen, unter allen Umständen zu fahren.

Ich brauche hier nicht auf die Erlebnisse der Reise zurückzukommen – wohin wir gefahren sind und was wir getan haben –, da ich eine hinreichend ausführliche Schilderung davon in meinem veröffentlichten ›Tagebuch‹[21] gegeben habe. Die Pracht der Vegetation unter den Tropen erhebt sich noch heute vor meinem geistigen Auge lebendiger als irgend etwas anderes; doch hat auch das Gefühl der Erhabenheit, das die großen Wüsteneien von Patagonien und die waldbedeckten Berge Feuerlands in mir geweckt haben, einen unauslöschlichen Eindruck auf meinen Geist gemacht. Der Anblick eines nackten Wilden in seiner Heimat ist ein Ereignis, das niemals wieder vergessen werden kann. Viele meiner Exkursionen zu Pferde durch wilde Länder oder in Booten, von denen einige mehrere Wochen währten, waren höchst interessant; die mit ihnen verbundene Unbequemlichkeit und in einem gewissen Maße auch Gefahr wurden

<hr />

[21] Gemeint ist das ›Journal‹ seiner Weltreise, das 1839 erschien und 1845 in einer erweiterten und verbesserten Fassung neu aufgelegt wurde.

damals kaum und später durchaus nicht als Nachteil empfunden. Ich denke auch mit großer Befriedigung an einige meiner wissenschaftlichen Arbeiten zurück, wie an die Lösung des Problems der Koralleninseln und an die Erforschung des geologischen Baues gewisser Inseln, zum Beispiel von St. Helena. Auch darf ich nicht stillschweigend die Entdeckung der eigentümlichen Beziehungen zwischen den Tieren und Pflanzen übergehen, die mehrere Inseln des Galapagos-Archipels bewohnen, und von deren Beziehung zu den Tieren und Pflanzen Südamerikas.

Soweit ich über mich zu urteilen imstande bin, habe ich während der Reise bis zum äußersten aus bloßer Freude an der Forschung und aus meiner starken Sehnsucht gearbeitet, der großen Masse der naturwissenschaftlichen Fakten einige wenige Tatsachen hinzuzufügen. Ich hatte aber auch den Ehrgeiz, unter den Männern der Wissenschaft einen anständigen Platz zu erringen – ob mehr oder weniger ehrgeizig als die meisten meiner Kollegen, darüber kann ich mir keine Meinung bilden.

Die Geologie von São Tiago ist sehr auffallend und doch einfach: Ein Lavastrom ist früher über den Meeresgrund geflossen, der aus zerkleinerten rezenten Muscheln und Korallen bestand, und hat ihn zu einem harten weißen Gestein zusammengebacken. Seitdem ist die ganze Insel emporgehoben worden. Die Schicht des weißen Gesteins hat mir aber eine neue und wichtige Tatsache erschlossen, daß nämlich später eine Senkung rings um die Krater eingetreten ist, die seit jener Zeit in Tätigkeit gewesen sind und Lava ergossen haben. Damals dämmerte zum ersten Male der Gedanke in mir, daß ich vielleicht ein Buch über die Geologie der verschiedenen von uns besuchten Länder schreiben könnte, und das durchschauerte mich mit Entzücken. Das war für mich eine denkwürdige Stunde, und wie deutlich kann ich mir noch die niedrige Lavaklippe vorstellen, an deren Fuße ich mich bei glühend heißer Sonne ausruhte, einige wenige fremdartige Wüstenpflanzen in meiner Nähe und lebende Korallen in den Gezeitentümpeln zu meinen Füßen. Später auf unserer Reise bat mich einmal Fitz-Roy, ihm einiges aus meinem Tagebuch vorzulesen, und er erklärte, es würde der Mühe wert sein, es zu veröffentlichen. Da war denn ein zweites Buch in Aussicht!

Gegen Ende unserer Reise erhielt ich, während wir auf Ascension waren, einen Brief, in dem mir meine Schwestern mitteilten, Sedgwick habe meinen Vater besucht und ihm gesagt, ich würde eine Stelle unter den führenden Wissenschaftlern einnehmen. Ich konnte es zu der Zeit nicht verstehen, wie er irgend etwas über meine Betätigungen hätte erfahren können; ich hörte aber (ich glaube später erst), daß Henslow einige der von mir an ihn geschriebenen Briefe in der Philosophischen Gesellschaft von Cambridge vorgelesen und zur privaten Verteilung habe drucken lassen. Meine Sammlung fossiler Knochen, die ich an Henslow geschickt hatte, erregte gleichfalls beträchtliches Aufsehen bei den Paläontologen. Nachdem ich diesen Brief gelesen hatte, kletterte ich mit hüpfendem Schritt über die Berge von Ascension und ließ die vulkanischen Gesteine unter meinem Geologenhammer erklingen. Alles das zeigt, wie ehrgeizig ich war, ich denke aber, daß ich wahrheitsgemäß versichern kann, daß ich in späteren Jahren, obgleich mir an der Zustimmung solcher Männer wie Lyell und Hooker, die meine Freunde waren, in allerhöchstem Grade gelegen war, mich um das große Publikum nicht viel kümmerte. Ich will damit nicht sagen, daß eine günstige Besprechung oder ein guter Verkauf meiner Bücher mir nicht große Freude gemacht hätte; die Freude ging aber schnell vorüber, und ich kann versichern, daß ich, um berühmt zu werden, nicht einen Zollbreit von dem von mir vorgezeichneten Wege abgewichen bin.

Von meiner Rückkehr nach England (2. Oktober 1836) bis zu meiner Heirat (29. Januar 1839)

Diese zwei Jahre und drei Monate sind die arbeitsreichsten gewesen, die ich je verlebt habe, obgleich ich gelegentlich unwohl war und dadurch etwas Zeit verlor. Nachdem ich mehrere Male zwischen Shrewsbury, Maer, Cambridge und London hin und her gefahren war, ließ ich mich am 13. Dezember in einer Wohnung in Cambridge nieder, wo sich meine sämtlichen Sammlungen unter Henslows Obhut befanden. Hier blieb ich drei Monate und untersuchte mit Professor Millers Hilfe meine Mineralien und Gesteinsproben.

Ich begann mein Reisetagebuch vorzubereiten, was keine schwere Arbeit war, da ich mein handschriftliches Tagebuch mit Sorgfalt niedergeschrieben hatte; die hauptsächlichste Arbeit bestand darin, die interessanteren wissenschaftlichen Resultate zusammenzufassen. Ich schickte auch, auf Lyells Bitte, einen kurzen Bericht von meinen Beobachtungen über die Erhebung der Küste von Chile an die Geologische Gesellschaft.

Am 7. März 1837 mietete ich mich in der Great Marlborough Street in London ein und blieb dort nahezu zwei Jahre, bis ich heiratete. Während dieser zwei Jahre beendete ich mein Reisetagebuch, hielt mehrere Vorträge vor der Geologischen Gesellschaft, begann die Vorbereitung des Manuskripts für meine ›Geological Observations‹ und besorgte die Herausgabe der ›Zoology of the Voyage of the Beagle‹. Im Juli begann ich mein erstes Notizbuch für Tatsachen in bezug auf den Ursprung der Arten, worüber ich lange nachgedacht hatte, und hörte während der nächsten zwanzig Jahre nicht auf, daran zu arbeiten.

Während dieser zwei Jahre nahm ich auch etwas am gesellschaftlichen Leben teil und war als einer der ehrenamtlichen Sekretäre der Geologischen Gesellschaft tätig. Lyell sah ich sehr häufig. Einer seiner charakteristischsten Züge war seine Teilnahme an den Arbeiten anderer, und ich war ebenso erstaunt wie entzückt über das Interesse, das er zeigte, als ich ihm bei meiner Rückkehr nach England meine Ansichten über Korallenriffe auseinandersetzte. Das ermutigte mich sehr, und sein Rat und sein Beispiel übten großen Einfluß auf mich aus. Während dieser Zeit besuchte ich ziemlich oft Robert Brown, »facile princeps botanicorum« [unumstrittenes Oberhaupt der Botaniker]. Ich suchte ihn häufig sonntagmorgens auf und saß während seines Frühstücks bei ihm, wo er dann einen reichen Schatz merkwürdiger Beobachtungen und scharfsinniger Bemerkungen äußerte; sie bezogen sich aber beinahe immer auf winzige Details, und er hat mit mir niemals große oder allgemeine wissenschaftliche Fragen erörtert.

Während dieser zwei Jahre unternahm ich mehrere kurze Exkursionen zur Erholung und eine längere zu den Parallelstufen des Glen Roy[22], über die ich einen Bericht in den ›Philosophical Transactions‹ veröffentlicht habe. Diese Abhandlung war sehr verfehlt, und ich schäme mich ihrer. Da ich von dem, was ich in Südamerika vom Aufstieg des Festlandes gesehen hatte, einen so tiefen Eindruck erhalten hatte, schrieb ich auch die parallelen Talstufen der Wirkung des Meeres zu; ich mußte aber diese Ansicht aufgeben, als Agassiz seine Gletschertheorie bekannt-

[22] Enges Tal in Schottland.

machte. Weil nach dem damaligen Stand unseres Wissens keine andere Erklärung möglich war, folgerte ich zugunsten der Wirkung des Meeres; mein Irrtum ist mir eine gute Lehre gewesen, sich in der Wissenschaft niemals auf den Grundsatz der Ausschließlichkeit zu verlassen.

Da ich nicht imstande war, den ganzen Tag wissenschaftlich zu arbeiten, las ich während dieser zwei Jahre mancherlei über verschiedene Probleme, einschließlich einiger metaphysischer Bücher; ich paßte aber nicht gut zu solchen Studien. Um diese Zeit empfand ich auch große Freude an der Poesie Wordsworths und Coleridges, und ich kann mich dessen rühmen, daß ich die ›Excursion‹ [Wordsworths] zweimal gelesen habe. Früher war Miltons ›Verlorenes Paradies‹ mein Lieblingsbuch, und wenn ich auf meinen Exkursionen während der Reise der »Beagle« nur einen einzigen Band mitnehmen konnte, so wählte ich immer Milton.

Religiöse Ansichten

Während dieser zwei Jahre mußte ich viel über Religion nachdenken. An Bord der »Beagle« war ich ganz orthodox, und ich erinnere mich, von mehreren Offizieren (obgleich sie selbst orthodox waren) herzlich ausgelacht worden zu sein, weil ich die Bibel als unwiderlegbare Quelle in einer bestimmten moralischen Frage zitierte. Ich vermute, es war die Neuheit der Beweisführung, die sie amüsierte. Ich war aber in dieser Zeit [1836 bis 1839] allmählich zu der Einsicht gelangt, daß dem Alten Testament – mit seiner offensichtlich falschen Weltgeschichte, mit seinem babylonischen Turm, mit dem Regenbogen als Zeichen usw., und seiner Art, Gott die Gefühle eines rachedurstigen Tyrannen zuzuschreiben – nicht mehr Glauben zu schenken sei als den heiligen Schriften der Hindus oder den Glaubensvorstellungen irgendeines Wilden. Die Frage trat damals ständig vor meinen Geist und ließ sich nicht verbannen: Ist es wahrscheinlich, daß Gott, wenn er heute den Hindus eine Offenbarung senden wollte, gestatten würde, daß sie ebenso mit dem Glauben an Vishnu, Shiva usw. in Zusammenhang träte, wie das Christentum mit dem Alten Testament zusammenhängt? Dies schien mir durchaus unglaubhaft.

Durch weiteres Nachdenken darüber, daß die klarsten Beweise notwendig sein würden, um irgendeinen Menschen mit gesundem Verstand an die Wunder glauben zu lassen, auf denen das Christentum beruht; daß, je mehr wir von den feststehenden Naturgesetzen kennenlernen, Wunder um so unglaubhafter werden; daß die Menschen zu jener Zeit in einem uns beinahe unbegreiflichen Grade unwissend und leichtgläubig waren; daß nicht bewiesen werden kann, die Evangelien wären gleichzeitig mit den Ereignissen niedergeschrieben worden; daß sie in vielen bedeutungsvollen Einzelheiten voneinander abweichen, viel zu bedeutungsvoll, wie es mir erschien, um durch die gewöhnlichen Ungenauigkeiten der Augenzeugen erklärt werden zu können – durch solche Überlegungen, die ich nicht deshalb anführe, weil sie im mindesten Neues oder Wertvolles darböten, sondern weil sie einen Einfluß auf mich ausübten, kam ich allmählich dazu, nicht an das Christentum als eine göttliche Offenbarung zu glauben. Die Tatsache, daß sich viele falsche Religionen über weite Teile der Erde wie Lauffeuer verbreitet haben, war für mich von einigem Gewicht. Wie schön die Moral des Neuen Testaments auch sein möge, es läßt sich schwerlich leugnen, daß ihre Vollkommenheit teilweise von der Deutung abhängt, die wir jetzt in die Metaphern und Allegorien hineinlegen.

Ich war aber sehr abgeneigt, meinen Glauben aufzugeben – dessen bin ich ganz sicher, denn ich kann mich deutlich erinnern, mir immer und immer wieder Phantasiebilder ausgemalt zu haben von alten Briefen hervorragender Römer und von Handschriften, die in Pompeji oder irgendwo anders entdeckt worden waren und die in eindrucksvollster Weise alles das bestätigten, was in den Evangelien geschrieben stand. Ich fand es aber trotz aller meiner Einbildungskraft gewährten Freiheit immer schwieriger, Beweismittel zu erfinden, die ausreichten, mich zu überzeugen. So beschlich mich sehr langsam der Unglaube, bis er schließlich vollständig war. Er kam so langsam über mich, daß ich kein Unbehagen empfand, und niemals habe ich seit jener Zeit auch nur eine einzige Sekunde an der Richtigkeit meines Schlusses gezweifelt. Und in der Tat, ich kann es kaum begreifen, wie irgend jemand wünschen könne, die christliche Lehre möge wahr sein; denn wenn dem so wäre, dann zeigt der einfache Text [des Evangeliums], daß die Ungläubigen, und ich müßte zu ihnen meinen Vater, meinen Bruder und nahezu alle meine besten Freunde zählen, ewige Strafe verbüßen müssen.

Und dies ist eine abscheuliche Lehre!

Obgleich ich vor einer sehr viel späten Periode meines Lebens nicht viel über die Existenz eines persönlichen Gottes nachdachte, so will ich doch hier die allgemeinsten Schlußfolgerungen mitteilen, zu denen ich getrieben worden bin. Das alte Argument vom Plan in der Natur, wie Paley es vorbrachte, das mir früher so schlüssig erschien, versagt heute, nachdem das Gesetz der natürlichen Auslese entdeckt worden ist. Wir können zum Beispiel nicht länger folgern, daß das wunderschöne »Scharnier« einer Muschel von einem intelligenten Wesen gebildet worden sein muß wie das Scharnier einer Türe vom Menschen. In der Variabilität der organischen Wesen und in der Wirkungsweise der natürlichen Zuchtwahl scheint nicht mehr Zweckmäßigkeit zu liegen als in der Richtung, in die der Wind weht. Alles in der Natur ist das Ergebnis feststehender Gesetze. Ich habe aber diesen Gegenstand am Schlusse meines Buches ›Über das Variieren der Pflanzen und Tiere im Zustande der Domestikation‹ erörtert, und die dort gegebene Beweisführung ist, soweit ich es übersehen kann, niemals widerlegt worden.

Wenn wir aber die endlosen wundervollen Anpassungen, denen wir überall begegnen, beiseite lassen, so kann man fragen: Wie kann die ganz allgemein wohltuende Anordnung der Welt erklärt werden? Auf manche Schriftsteller hat das Maß des Leidens in der Welt einen so tiefen Eindruck gemacht, daß sie, wenn man alle empfindenden Wesen in Betracht zieht, zweifeln, ob mehr Elend oder Glück existiert; ob die Welt als ein Ganzes gut oder schlecht ist. Meiner Ansicht nach herrscht entschieden das Glück vor, obschon dies sehr schwer zu beweisen sein würde. Wird die Richtigkeit dieser Folgerung zugegeben, so stimmt sie sehr wohl mit den Wirkungen überein, die wir von der natürlichen Zuchtwahl erwarten können. Wenn alle Individuen irgendeiner Art beständig bis zu einem äußersten Grade zu leiden hätten, würden sie versäumen, ihre Art fortzupflanzen; wir haben aber zu der Annahme keinen Grund, daß dies jemals oder mindestens häufig eingetreten sei. Überdies führen einige andere Betrachtungen zu dem Glauben, daß alle empfindenden Wesen so gebildet worden sind, daß sie, der allgemeinen Regel nach, Glück genießen.

Ein jeder, der wie ich glaubt, daß alle körperlichen und geistigen Organe aller Wesen (ausgenommen diejenigen, die für ihre Besitzer weder vorteilhaft noch nachteilig sind) durch natürliche Zuchtwahl entwickelt worden sind oder infolge des Überlebens der Bestangepaßten in Verbindung mit Gebrauch oder

Gewohnheit, wird zugeben, daß diese Organe so gebildet worden sind, daß ihre Besitzer erfolgreich mit anderen Wesen konkurrieren und auf diese Weise an Zahl zunehmen können. Ein Tier kann zur Befolgung derjenigen Handlungsweise, die für die Art am besten ist, veranlaßt werden entweder durch Leiden, wie Schmerz, Hunger, Durst und Furcht – oder durch Freude, wie Essen und Trinken und die Fortpflanzung der Art usw., oder durch Verbindung des einen und des anderen, wie bei der Nahrungssuche. Aber Schmerz oder Leiden jeglicher Art verursachen, falls lange andauernd, Niedergeschlagenheit und vermindern das Tätigkeitsvermögen, sind aber durchaus geeignet, ein Geschöpf gegen irgendwelches große oder plötzliche Übel wachsam zu machen. Angenehme Empfindungen können auf der anderen Seite lange ohne deprimierende Wirkung unterhalten werden; sie regen im Gegenteil den ganzen Körper zu erhöhter Tätigkeit an. Es ist daher dazu gekommen, daß die meisten oder alle empfindenden Wesen durch natürliche Zuchtwahl in einer solchen Weise entwickelt worden sind, daß angenehme Empfindungen ihnen gewohnheitsmäßig als Führer dienen. Wir sehen dies in der Freude, die einer Anstrengung, sogar gelegentlich einer großen Anstrengung des Körpers oder des Geistes entspringt – in der Freude, die uns unsere täglichen Mahlzeiten bereiten, und besonders in der Freude, die die Geselligkeit und die Liebe unserer Familien darbietet. Die Summe solcher Vergnügungen, die gewohnheitsmäßig oder häufig wiederkehrend sind, geben, wie ich kaum bezweifle, den meisten empfindenden Wesen einen Überschuß von Glück über Unglück, obgleich viele gelegentlich sehr zu leiden haben. Ein solches Leiden ist mit dem Glauben an die natürliche Zuchtwahl völlig vereinbar, die in ihrer Wirkung nicht vollkommen ist, sondern nur dahin strebt, eine jede Art im Kampf ums Dasein mit anderen Arten unter den wunderbar komplizierten und veränderlichen Umständen so erfolgreich wie möglich zu machen.

Daß viel Leid in der Welt besteht, bestreitet niemand. Manche haben versucht, dies in bezug auf den Menschen durch die Vorstellung zu erklären, daß es zu seiner moralischen Besserung diente. Aber die Zahl der Menschen in der ganzen Welt ist nichts im Vergleich mit der aller anderen empfindenden Wesen, und diese leiden oft erheblich ohne irgendeine moralische Besserung. Ein Wesen, so mächtig und weise wie ein Gott, der das Weltall erschaffen könnte, erscheint unserem begrenzten Verstand allmächtig und allwissend, und die Annahme, die Güte

Gottes sei nicht unbegrenzt, stößt unser Bewußtsein ab, denn welchen Vorzug könnten die Leiden Millionen niederer Tiere[23] in einem fast endlosen Zeitraum darstellen? Dieser sehr alte, der Existenz des Leidens entnommene Beweisgrund gegen die Existenz einer ersten Ursache scheint mir viel Gewicht zu haben; doch stimmt, wie oben bemerkt wurde, das Vorhandensein von viel Leiden mit der Ansicht ganz gut überein, daß alle organischen Wesen durch Abänderung und natürliche Zuchtwahl entwickelt worden sind.

Heutzutage wird der gewöhnlichste Beweisgrund für die Existenz eines denkenden Gottes aus der tiefen innerlichen Überzeugung und den Gefühlen hergeleitet, die von den meisten Menschen erfahren werden. Jedoch darf man nicht daran zweifeln, daß die Hindus, die Mohammedaner und andere in derselben Weise und mit derselben Kraft für die Existenz eines einzigen Gottes bzw. vieler Götter oder aber, wie die Buddhisten, für das Fehlen eines jeglichen Gottes plädieren könnten. Es existieren viele Stämme Wilder, von denen man glaubwürdig behaupten kann, daß sie nicht an das glauben, was wir Gott nennen; sie glauben vielmehr an Geister oder Gespenster, und man kann erklären, wie Tylor und Herbert Spencer gezeigt haben, auf welche Weise aller Wahrscheinlichkeit nach solche Religionen entstanden sind.

Früher wurde ich durch Empfindungen wie die eben angeführten (obgleich ich nicht glaube, daß das religiöse Gefühl jemals stark bei mir entwickelt war) zu der festen Überzeugung von der Existenz Gottes und der Unsterblichkeit der Seele geführt. In meinem ›Tagebuch‹ schrieb ich, daß, wenn man mitten in der großartigen Natur eines brasilianischen Waldes steht, »es nicht möglich ist, eine zutreffende Vorstellung von den höheren Gefühlen des Staunens, der Bewunderung und der Andacht zu vermitteln, die den Geist erfüllen und erheben«. Ich erinnere mich sehr wohl der Überzeugung, daß mehr im Menschen sei als der bloße Atem seines Körpers. Jetzt aber würden die großartigsten Landschaftsbilder keine derartigen Überzeugungen und Empfindungen in mir entstehen lassen. Man könnte zutreffend sagen, daß ich wie ein Mensch bin, der farbenblind geworden ist, und der allgemein bei Menschen bestehende Glaube an die Existenz der roten Farbe macht meinen jetzigen Verlust des

---

[23] Mit »niederen Tieren« meint Darwin hier die gesamte Tierwelt mit Ausnahme des Menschen.

Wahrnehmungsvermögens nicht im geringsten zu einem triftigen Beweisgrund. Dieser Beweisgrund würde gültig sein, wenn alle Menschen aller Rassen dieselbe innerliche Überzeugung von der Existenz eines Gottes hätten; wir wissen aber, daß dies keineswegs der Fall ist. Ich bin daher nicht der Ansicht, daß derartige innerliche Überzeugungen und Empfindungen als Beweis von irgendeinem Gewicht für das angesehen werden können, was wirklich existiert. Der Gemütszustand, den großartige Landschaften früher in mir anregten und der innig mit einem Glauben an Gott verbunden war, wich nicht wesentlich von dem ab, der häufig das Gefühl des Erhabenen genannt wird; und wie schwierig es auch immer sein mag, die Entstehung dieses Gefühls zu erklären, so kann es kaum mehr als ein Beweis für die Existenz eines Gottes vorgebracht werden als die mächtigen, wenn auch unklaren aber ähnlichen Empfindungen, die durch Musik angeregt werden.

Was die Unsterblichkeit betrifft, so zeigt mir nichts so deutlich, was für ein starker und beinahe instinktiver Glaube das ist, als die Betrachtung der gegenwärtig von den meisten Physikern vertretenen Ansicht, daß die Sonne mit all den Planeten mit der Zeit zu kalt werden wird, um das Leben zu erhalten, wenn nicht tatsächlich irgendein großer Körper in die Sonne stürzt und ihr damit neues Leben gibt.[24] – Glaubt man, wie ich es tue, daß der Mensch in ferner Zukunft ein weit vollkommeneres Geschöpf als heute sein wird, so ist es ein unerträglicher Gedanke, daß er und alle anderen empfindenden Wesen nach einem so lange fortdauernden langsamen Fortschritt zu vollständiger Vernichtung verurteilt sein sollten. Denjenigen, die die Unsterblichkeit der menschlichen Seele annehmen, wird die Zerstörung unserer Welt nicht so furchtbar erscheinen.

Eine andere Quelle für die Überzeugung von der Existenz Gottes, die mit der Vernunft und nicht mit den Gefühlen zusammenhängt, scheint mir viel mehr Gewicht zu haben. Das ergibt sich aus der äußersten Schwierigkeit oder vielmehr Unmöglichkeit, einzusehen, daß dieses ungeheure und wunderbare Weltall, das den Menschen umfaßt mit seiner Fähigkeit, weit

---

[24] Darwin meint hier jene Theorien der Astronomen und Physiker seiner Zeit, die davon ausgingen, die Quelle der Sonnenwärme sei das Zusammenziehen der Sonne. Helmholtz hatte nachgerechnet, daß die Sonne in 5 Millionen Jahren auf die Hälfte ihres jetzigen Volumens zusammengepreßt sein wird, und in 7 Millionen Jahren wird ihre Dichte der Erddichte entsprechen, und sie wird aufhören, weiterhin Licht und Wärme auszustrahlen.

zurück in die Vergangenheit und weit in die Zukunft zu blik-
ken, das Resultat blinden Zufalls oder der Notwendigkeit sei.
Denke ich darüber nach, dann fühle ich mich gezwungen, mich
nach einer ersten Ursache umzusehen, die im Besitze eines dem
des Menschen in gewissem Grade analogen Intellekts ist, und
ich verdiene, Theist genannt zu werden.

Diese Folgerung war um die Zeit, soweit ich mich erinnern
kann, in meinem Geist lebendig, als ich die ›Entstehung der
Arten‹ schrieb; und seit jener Zeit ist sie sehr allmählich und mit
vielen Schwankungen schwächer geworden. Dann entsteht aber
wieder der Zweifel: Kann man sich auf den Geist des Menschen
verlassen, der, wie ich völlig glaube, sich aus einem so niederen
Geist wie dem der niedersten Tiere entwickelt hat, wenn er
solch großartige Schlußfolgerungen zieht? Haben wir es hier
nicht mit dem Ergebnis eines Zusammenhangs von Ursache
und Wirkung zu tun, der uns als notwendig erscheint, aber
wahrscheinlich nur von der ererbten Erfahrung abhängt? Man
darf ebenfalls nicht die Möglichkeit der ständigen Einflößung
des Glaubens an Gott in die Gemüter der Kinder außer acht
lassen, einer Einflößung, die eine außerordentlich starke und
vielleicht erbliche Wirkung auf deren Gehirn ausübt, das noch
nicht vollständig entwickelt ist, so daß es für sie genauso schwer
wäre, den Glauben an Gott aufzugeben, wie für einen Affen,
seine instinktive Furcht und Abscheu einer Schlange gegenüber
aufzugeben.

Ich darf mir nicht anmaßen, auch nur das geringste Licht auf
solche abstrusen Probleme zu werfen. Das Geheimnis des Anfangs aller Dinge ist für uns unlösbar, und ich für meinen Teil
muß mich bescheiden, ein Agnostiker zu bleiben.

Ein Mensch, der keinen festen und ihn nie verlassenden Glauben an die Existenz eines persönlichen Gottes und an ein künf-
tiges Leben mit seiner Belohnung und Vergeltung besitzt, kann
sich, soweit ich sehe, nur eines als Lebensregel auswählen: jenen
Impulsen und Instinkten zu folgen, die die stärksten sind oder
die er für die besten hält. So handelt der Hund, aber er tut das
blind. Der Mensch hingegen kann voraussehen, zurückblicken
und seine verschiedenen Gefühle, Wünsche und Erinnerungen
vergleichen. Und so entdeckt er in Übereinstimmung mit der
Ansicht der weisesten Menschen, daß ihm die höchste Befriedigung zuteil wird, wenn er bestimmten Impulsen, und zwar den
sozialen Instinkten, folgt. Wenn er für das Wohl anderer Menschen wirkt, werden seine Nächsten sein Verhalten billigen,

und er wird die Liebe derer erwerben, mit denen er lebt, und das letztere ist unzweifelhaft der höchste Genuß auf dieser Erde. Es wird für ihn allmählich unerträglich, daß er lieber seinen sinnlichen Leidenschaften nachgeht als seinen höheren Impulsen, die man fast als instinktiv bezeichnen kann, wenn sie zur Gewohnheit werden. Zeitweise wird ihm sein Verstand sagen, daß er der Meinung der anderen Menschen zuwiderhandeln muß, deren Zustimmung er dann nicht erhält, aber dennoch findet er volle Befriedigung in dem Bewußtsein, daß er seiner tiefsten Überzeugung oder seinem Gewissen folgte. – Was mich selbst betrifft, so denke ich, daß ich richtig gehandelt habe, als ich mich unentwegt mit der Wissenschaft beschäftigt und ihr mein ganzes Leben gewidmet habe. Ich habe keine irgendwie ernste Sünde begangen und verspüre daher auch keinerlei Gewissensbisse, aber ich habe es sehr oft bedauert, daß ich meinen Nächsten nicht mehr unmittelbar Gutes erwiesen habe. Meine einzige, aber nicht ausreichende Entschuldigung sind meine häufigen Krankheiten und meine geistige Konstitution, die mir den Übergang von einer Sache oder Beschäftigung zu einer anderen aufs äußerste erschwerte. Ich kann mir vorstellen, daß ich eine große Befriedigung verspüren würde, könnte ich meine ganze Zeit wohltätigen Werken widmen und nicht nur einen Teil davon, obwohl auch das ein weit besseres Verhalten wäre.

In der zweiten Hälfte meines Lebens ist nichts bemerkenswerter als die Ausbreitung des Skeptizismus oder Rationalismus. Mein Vater riet mir vor meiner Verlobung, meine Zweifel sorgfältig zu verbergen, denn er hatte, wie er selbst sagte, erleben müssen, daß Eheleuten dadurch größtes Unglück erwachsen sei. Es ging so lange alles gut, wie Mann und Frau gesund waren, aber dann litten einige Frauen heftige Qualen, da sie an der Rettung des Seelenheils ihrer Ehemänner zweifelten, wodurch sie wiederum diesen Qualen bereiteten. Mein Vater fügte hinzu, daß er im Verlauf seines langen Lebens nur drei Frauen gekannt habe, die Skeptikerinnen waren; dabei muß man bedenken, daß er mit sehr vielen Menschen bekannt war und sich durch die außergewöhnliche Fähigkeit, Vertrauen zu gewinnen, auszeichnete. Als ich ihn fragte, wer diese drei Frauen waren, bekannte er, als er mit Hochachtung von einer von ihnen – und zwar seiner Schwägerin Kitty Wedgwood – sprach, daß er über keine einwandfreien Beweise, sondern nur über unbestimmte Andeutungen verfüge, die auf der Überzeugung beruhten, daß eine solch klarsichtige Frau nicht gläubig sein könnte. Heute –

bei meinem kleinen Bekanntenkreis – kenne ich (oder kannte ich früher) mehrere verheiratete Frauen, deren Glauben nicht viel stärker ist als der Glauben ihrer Ehemänner. Mein Vater zitierte gern ein unwiderlegliches Argument, mit dem ihn eine alte Dame, eine gewisse Mrs. Barlow, die ihn mangelnder Rechtgläubigkeit verdächtigte, zu bekehren hoffte: »Doktor, ich weiß, daß Zucker süß in meinem Munde ist, und weiß ebenso, daß mein Erlöser lebt.«

Von meiner Verheiratung (29. Januar 1839) und meinem Aufenthalt in der Upper Gower Street, London, bis zu unserem Verlassen Londons und unserer Übersiedlung nach Down (14. September 1842)

Ihr alle kennt eure Mutter ausgezeichnet, ihr wißt, welch gute Mutter sie immer für euch war.[25] Sie ist mein größtes Glück, und ich kann sagen, daß ich während meines ganzen Lebens kein einziges Mal von ihr ein Wort gehört habe, von dem ich sagen könnte, daß es besser wäre, es wäre überhaupt nicht ausgesprochen worden. Ihre verständnisvolle Güte mir gegenüber war immer beständig, und sie ertrug mit größter Geduld meine ewigen Klagen über Unwohlsein und über Unbequemlichkeiten. Ich glaube nicht, daß sie sich jemals die Möglichkeit entgehen ließ, ein gutes Werk für irgend jemanden in ihrer Umgebung zu tun. Mich setzt jenes außerordentliche Glück in Erstaunen, daß sie, die in allen sittlichen Qualitäten mir so unermeßlich überlegen ist, einwilligte, meine Frau zu werden. Sie war mir während meines Lebens, das ohne sie lange Zeit durch Krankheit elend gewesen wäre, ein weiser Ratgeber und heiterer Tröster. Sie erwarb die Liebe all derer, die sich in ihrer Nähe befanden. (Memento: jener wunderbare Brief an mich kurz nach unserer Hochzeit, der sich erhalten hat.)

In meiner Familie war ich sehr glücklich und muß euch, meinen Kindern, sagen, daß mir niemand von euch auch nur eine Minute lang Kummer bereitet hat, von euren Erkrankungen abgesehen. Ich nehme an, daß es nur wenige Väter gibt, die fünf

---

[25] Diese Worte Darwins sind an seine Kinder gerichtet.

Söhne haben und wahrheitsgemäß so etwas erklären können. Als ihr noch ganz klein wart, spielte ich sehr gerne mit euch, und ich denke mit einem Seufzer daran, daß diese Tage niemals wiederkehren werden. Von der frühesten Kindheit an bis zum heutigen Tag, an dem ihr erwachsen seid, wart ihr alle, meine Söhne und Töchter, ausgesprochen lieb, mitfühlend und zärtlich uns gegenüber und untereinander. Wenn ihr alle oder einige von euch zu Besuch zu Hause seid (was, dem Himmel sei Dank, ziemlich häufig vorkommt), so kann für mich keine andere Gesellschaft angenehmer sein, und ich begehre auch gar keine andere Gesellschaft. Nur einmal waren wir außerordentlich betrübt, als am 24. April 1851 Annie, die gerade erst zehn Jahre alt geworden war, in Malvern starb. Sie war ein außergewöhnlich zärtliches und liebes Kind, und ich bin davon überzeugt, daß sie eine bezaubernde Frau geworden wäre. Aber ich werde hier nicht über ihren Charakter sprechen, da ich gleich nach ihrem Tode eine kurze Skizze über sie niedergeschrieben habe. Die Tränen trüben mir manchmal die Augen, wenn ich an ihr liebes Wesen denke.

Während der drei Jahre und acht Monate, in denen wir in London wohnten, habe ich weniger wissenschaftlich gearbeitet, obschon ich mich so angestrengt wie nur möglich betätigte, als in irgendeiner anderen gleich langen Zeit meines Lebens. Das war die Folge häufig wiederkehrenden Unwohlseins und einer langen und schweren Krankheit. Den größeren Teil meiner Zeit, sooft ich nur irgend etwas tun konnte, widmete ich meiner Arbeit über Korallenriffe, die ich vor meiner Verheiratung angefangen hatte und von der der letzte Druckbogen am 6. Mai 1842 korrigiert wurde. Obgleich dieses Buch nur klein ist, kostete es mich doch zwanzig Monate harter Arbeit, da ich alle Werke über die Inseln des Stillen Ozeans zu lesen und viele Seekarten zu Rate zu ziehen hatte. Wissenschaftler haben sehr anerkennend darüber geurteilt, und ich glaube, die darin aufgestellte Theorie ist jetzt fest begründet.

Kein anderes meiner Bücher ist in einem so planmäßig deduktiven Sinne angefangen worden; denn ich hatte mir die ganze Theorie schon an der Westküste von Südamerika ausgedacht, noch ehe ich ein echtes Korallenriff gesehen hatte. Ich brauchte daher meine Ansichten nur durch eine sorgfältige Untersuchung lebender Riffe zu verifizieren und zu erweitern. Dabei muß ich aber bemerken, daß ich während der zwei vorausgehenden Jahre meine Aufmerksamkeit unablässig auf die Wirkungen der intermittierenden Erhebung des Landes, in Verbindung mit Denudation und der Ablagerung von Sedimenten, auf die Küsten Südamerikas gerichtet hatte. Das führte mich mit Notwendigkeit darauf, eingehend über die Wirkungen einer Senkung nachzudenken, und es war dann leicht, in der Phantasie die fortdauernde Ablagerung von Sedimenten durch das Emporwachsen der Korallen zu ersetzen. Indem ich dies tat, entwickelte sich meine Theorie von der Bildung der Barriereriffe und Atolle.

Außer der Ausarbeitung meines Werkes über Korallenriffe hielt ich während meines Aufenthaltes in London vor der Geologischen Gesellschaft Vorträge über die erratischen Blöcke in Südamerika, über Erdbeben und über die Bildung der Ackererde durch die Tätigkeit der Regenwürmer. Ich betreute daneben die Veröffentlichung der ›Zoology of the Voyage of the Beagle‹. Auch habe ich niemals das Sammeln von Tatsachen, die sich auf den Ursprung der Arten beziehen, unterbrochen; und ich konnte zuweilen daran arbeiten, wenn ich wegen Krankheit nichts anderes tun konnte.

Im Sommer 1842 war ich kräftiger, als ich längere Zeit über gewesen war, und machte für mich allein eine kleine Exkursion in Nordwales, um die Wirkungen der alten Gletscher zu beobachten, die früher sämtliche größeren Täler ausgefüllt hatten. Von dem, was ich gesehen hatte, habe ich eine kurze Schilderung im ›Philosophical Magazine‹ veröffentlicht. Dieser Ausflug war für mich von großem Interesse, und es war das letzte Mal, daß ich mich überhaupt stark genug fühlte, Berge zu ersteigen oder lange Wege zu gehen, wie es nun einmal zu geologischen Arbeiten notwendig ist.

Während der ersten Zeit unseres Lebens in London war ich kräftig genug, auch an allgemeiner Geselligkeit teilzuhaben, und sah da häufig mehrere Wissenschaftler und andere mehr oder weniger hervorragende Männer. Die Eindrücke, die ich in bezug auf einige erhalten habe, will ich mitteilen, obschon ich nur wenig Mitteilenswertes zu sagen habe.

Mit Lyell bin ich des öfteren zusammengewesen, sowohl vor als auch nach meiner Verheiratung. Wie mir schien, war sein Geist durch Klarheit, Vorsicht, gesundes Urteil und sehr viel Originalität ausgezeichnet. Wenn ich irgendeine Bemerkung über die Geologie ihm gegenüber äußerte, ruhte er nicht eher, als bis er die ganze Sache klar übersah, und bewirkte dadurch häufig, daß ich sie selbst klarer sah als zuvor. Er brachte alle möglichen Einwürfe gegen meine Vermutungen vor und gab sich selbst, wenn sie sämtlich erschöpft waren, noch langen Zweifeln hin. Eine zweite charakteristische Eigentümlichkeit war seine herzliche Sympathie mit den Arbeiten anderer Wissenschaftler.

Nach meiner Rückkehr von der Reise der »Beagle« setzte ich ihm meine Ansichten über Korallenriffe auseinander, die sich von den seinen unterschieden, und war in hohem Grade überrascht und ermutigt durch das lebhafte Interesse, das er an den Tag legte. Wenn er bei solchen Gelegenheiten in Gedanken vertieft war, nahm er mitunter die seltsamsten Stellungen ein und lehnte häufig seinen Kopf auf die Lehne eines Stuhles, während er aufrecht stand. Seine Freude an der Wissenschaft war leidenschaftlich, und er fühlte das lebhafteste Interesse an dem künftigen Fortschritt der Menschheit. Er besaß ein sehr wohlwollendes Herz und war durchaus liberal in seinem religiösen Glauben oder vielmehr Unglauben; er war jedoch ein eingefleischter Theist. Seine Aufrichtigkeit war höchst beachtlich. Er bewies dies dadurch, daß er sich zur Deszendenztheorie bekehrte, und zwar in hohem Alter und obgleich er dadurch große Berühmtheit erlangt hatte, daß er Lamarcks Ansichten bekämpft hatte. Er erinnerte mich einmal daran, daß ich vor vielen Jahren, als wir die Opposition der Geologen der alten Schule gegen seine neueren Ansichten besprachen, zu ihm gesagt hatte: »Wie gut wäre es doch, wenn jeder Mann der Wissenschaft mit sechzig Jahren stürbe, da er später ganz sicher allen neuen Lehren widersprechen würde.« Er hoffte aber, daß ihm nun gestattet werden möchte, noch zu leben. Er besaß sehr viel Humor und erzählte häufig lustige Anekdoten. Er liebte die Gesellschaft sehr, besonders die Gesellschaft hervorragender Männer und hochgestellter Persönlichkeiten, und diese übermäßig große Hochachtung vor der Stellung, die ein Mensch in der Gesellschaft einnimmt, schien mir sein Hauptmangel zu sein. Immer wieder erörterte er mit Lady Lyell völlig ernst die Frage, ob man diese oder jene Einladung annehmen solle oder nicht. Doch da er, um keine Zeit zu verlieren, in der Woche nicht mehr als dreimal außer Hause dinieren wollte, ist das sorgfältige Abwägen der an ihn gerichteten Einladungen verständlich. Er war der Meinung, daß es in Zukunft eine große Belohnung für ihn sein werde, wenn er mit den Jahren immer häufiger die Abendgesellschaften besuchen könne. Aber diese guten Zeiten kamen nicht, denn seine Kräfte verließen ihn.

Die Wissenschaft der Geologie ist Lyell ungeheuren Dank schuldig; ich glaube, mehr als irgendeinem anderen Manne, der je gelebt hat. Als ich mich auf die Abreise mit der »Beagle« vorbereitete, riet mir der scharfsinnige Henslow, der wie alle anderen Geologen zu jener Zeit an aufeinanderfolgende Umwälzungen glaubte, den damals soeben veröffentlichten ersten Band der ›Principles‹ mir anzuschaffen und zu studieren, aber unter keinen Umständen die darin vertretenen Ansichten anzunehmen. Wie verschieden würde jetzt jedermann von den ›Principles‹ sprechen! Ich bin stolz darauf, mich dessen zu erinnern, daß der erste Ort, wo ich geologische Beobachtungen anstellte, nämlich São Tiago im Kapverdischen Archipel, mich von der unendlichen Überlegenheit der Ansichten Lyells über diejenigen überzeugte, die in allen anderen mir bekannten Werken verteidigt wurden.

Die gewaltigen Wirkungen der Werke Lyells waren schon damals sehr deutlich an dem Unterschied in den Fortschritten der [geologischen] Wissenschaft in Frankreich und in England zu erkennen. Die völlige Vergessenheit, in die gegenwärtig Elie de Beaumonts wilde Hypothesen, zum Beispiel über die von ihm so genannten »Erhebungskrater« und »Erhebungslinien« (die letztere Hypothese habe ich Sedgwick in der Geologischen Gesellschaft über alle Maßen loben hören), versunken sind, dürfte zum großen Teil Lyell zuzuschreiben sein.

Ich war in jener Epoche, als sich die Geologie auf ihrem triumphalen Vormarsch befand, mehr oder weniger gut mit allen hervorragenden Geologen bekannt. Sie gefielen mir fast alle mit Ausnahme von Buckland, der mir vulgär und fast grob vorkam, obwohl er sich durch Humorigkeit und Gutherzigkeit auszeichnete. Sein Ansporn war eher das Streben nach Ruhm, das ihn zeitweilig wie einen Narren auftreten ließ, als die Liebe zur Wissenschaft. In seiner Ruhmsucht war er jedoch kein Egoist: Als sich Lyell noch als junger Mann mit ihm beratschlagte, ob er der Geologischen Gesellschaft einen etwas schwachen Artikel, den ihm irgendein Unbekannter zugeschickt hatte, vorlegen solle, antwortete ihm Buckland: »Es ist besser, Sie legen ihn vor, denn im Titel wird es heißen: ›Von Charles Lyell mitgeteilt‹, und somit wird Ihr Name dem Publikum bekannt.«

Den Nutzen, den Murchison der Geologie durch seine Klassifikation der alten Formationen brachte, kann man nur schwerlich überschätzen; jedoch war er alles andere als ein philosophischer Denker. Er war sehr gutmütig und stets bemüht, jedem Menschen einen Dienst zu erweisen. Die Ausmaße, die bei ihm die Verehrung des gesellschaftlichen Ranges annahm, waren lächerlich, und er legte dieses Gefühl und seine Eitelkeit mit der Unbefangenheit eines Kindes an den Tag. Einst erzählte er mit ungewöhnlichem Frohlocken in den Sälen der Geologischen Gesellschaft einem großen Kreise von Menschen, unter denen sich auch viele befanden, die ihn nicht näher kannten, daß ihm Zar Nikolaus bei seinem Aufenthalt in London auf die Schulter geklopft und in Anspielung auf seine geologischen Arbeiten gesagt habe: »Mon ami, Rußland ist Ihnen dankbar!« Danach fügte Murchison händereibend hinzu: »Das beste war, daß Prinz Albert alles gehört hat.« Eines Tages teilte er dem Rat der Geologischen Gesellschaft mit, daß sein großes Werk über die silurischen Ablagerungen endlich erschienen sei; danach blickte er auf alle Anwesenden und sagte: »Jeder einzelne von Ihnen findet seinen Namen im Personenregister«, als ob das der Gipfel des Ruhms wäre.

Ich sah auch häufig Robert Brown, »facile princeps botanicorum« [unumstrittenes Oberhaupt der Botaniker], wie er von Humboldt genannt wurde; bevor ich heiratete, besuchte ich ihn fast jeden Sonntagvormittag und saß lange bei ihm. Er schien mir hauptsächlich wegen der minutiösen Art seiner Beobachtungen und wegen deren vollkommener Genauigkeit bemerkenswert zu sein. Er erörterte mit mir niemals irgendwelche große wissenschaftliche Probleme der Biologie. Sein Wissen war außerordentlich bedeutend, und vieles ist mit ihm zu Grabe gegangen infolge seiner übertriebenen Furcht, jemals ein Versehen zu begehen. Er breitete sein Wissen in der rückhaltlosesten Weise vor mir aus, war aber doch in bezug auf einige Punkte merkwürdig eifersüchtig. Ich besuchte ihn vor der Abreise der »Beagle« zwei- oder dreimal, und bei einer Gelegenheit bat er mich, in das Mikroskop zu sehen und ihm zu beschreiben, was ich sähe. Das tat ich denn, und ich glaube jetzt, daß es die merkwürdigen Strömungen des Protoplasmas in irgendeiner Pflanzenzelle gewesen sind. Ich fragte ihn dann, was es sei, das ich gesehen hätte; aber er antwortete mir, der ich damals noch sehr jung war und England bald auf fünf Jahre verlassen mußte: »Das ist mein kleines Geheimnis.« Ich nehme an, er hatte Angst, daß ich ihm seine Entdeckung stehlen könnte. Hooker sagte mir, daß Brown in bezug auf seine Herbariumpflanzen ein furchtbarer Geizkragen gewesen sei – und daß er selbst wußte, daß er ein Geizkragen war; er lehnte es ab, Hooker seine Exemplare zu leihen, als dieser die Pflanzen von Feuerland beschrieb, obwohl er sehr gut wußte, daß er sich selbst niemals mit der Bearbeitung irgendeiner Sammlung dieses Landes befassen würde. Er war andererseits der großherzigsten Handlungen fähig. Als er alt, sehr häufig kränklich und keinerlei Anstrengung mehr fähig war, besuchte er doch täglich (wie mir Hooker erzählt hat) einen alten Diener, der entfernt von ihm wohnte; er unterstützte ihn und las ihm laut vor. Das reicht aus, um jeden Grad wissenschaftlicher Kargheit oder Eifersucht wiedergutzumachen. Er war geneigt, über jene Menschen zu spötteln, die über Dinge schreiben, die ihnen nicht völlig verständlich sind. Ich entsinne mich, daß er, als ich ihm gegenüber die ›Geschichte der induktiven Wissenschaften‹ [›History of the Inductive Sciences‹] von Whewell herausstrich, bemerkte: »Ja, ich denke, er hat die Vorworte zu sehr vielen Büchern gelesen.«

Damals, als ich in London lebte, traf ich häufig mit Owen zusammen und war sehr begeistert von ihm. Aber ich war nie fähig, hinter seine Schliche zu kommen, und konnte keine engeren Beziehungen zu ihm herstellen. Nach dem Erscheinen der ›Entstehung der Arten‹ wurde er mein erbitterter Feind, aber nicht etwa infolge eines Streits zwischen uns, sondern, soweit ich es beurteilen kann, aus Neid über den Erfolg meines Buchs. Der arme teure Falconer, dieser bezaubernde Mensch, hatte eine sehr schlechte Meinung von Owen: Er war überzeugt, daß Owen nicht nur ehrsüchtig, äußerst neidisch und dünkelhaft, sondern auch verlogen und gewissenlos sei. In der Fähigkeit zu hassen war Owen zweifellos unübertroffen. Als ich früher versuchte, Owen in Schutz zu nehmen, sagte Falconer häufig: »Irgendwann werden Sie ihn durchschauen!« Und so geschah es auch.

In einer etwas späteren Periode befreundete ich mich sehr mit Hooker, der im Verlaufe meines ganzen Lebens einer meiner besten Freunde gewesen ist. Er ist reizend und außerordentlich gutherzig. Man sieht auf den ersten Blick, daß er durch und durch ehrenhaft ist. Er besitzt einen sehr scharfen Verstand und ein großes Abstraktionsvermögen. Er ist der unermüdlichste Arbeiter, den ich je kennengelernt habe. Er kann den ganzen Tag über am Mikroskop sitzen und arbeiten, aber am Abend ist er genauso frisch und gut aufgelegt wie immer. Er ist in jeder Hinsicht sehr impulsiv und etwas reizbar, aber die Wolken verziehen sich ebenso schnell wieder. Eines Tages schickte er mir einen sehr erbosten Brief, und sein Zorn war durch eine Ursache hervorgerufen worden, die einem Außenstehenden mehr als unbedeutend erschienen wäre: Die Sache ist die, daß ich eine Zeitlang die törichte Ansicht vertreten habe, daß unsere Steinkohlengewächse seichte Meeresstellen bewohnt hätten. Seine Entrüstung war um so größer, als er sich nicht vorstellen konnte, daß er jemals vermutet hätte, daß die Mangroven (und einige andere von mir genannte Meerespflanzen) Meeresbewohner waren, wenn sie uns nur im fossilen Zustand bekannt gewesen wären. Bei einer anderen Gelegenheit war er deshalb fast genauso empört, weil ich mit Geringschätzung die Vorstellung verwarf, daß sich zwischen Australien und Südamerika einstmals Festland erstreckte. Ich kannte kaum einen Menschen, der liebenswerter war als Hooker.

Etwas später befreundete ich mich mit Huxley. Sein Verstand ist hell wie ein Blitz und scharf wie ein Rasiermesser. Er ist der beste Gesprächspartner, den ich je kennengelernt habe. Was er schreibt und sagt, ist niemals lasch. Nach seinen Gesprächen zu urteilen, könnte nie jemand auf den Gedanken kommen, daß er in so scharfer Form mit seinen Gegnern abrechnen kann, wie er es vermag und wirklich tut. Er ist mein engster Freund und immer bereit, mir jegliche Unannehmlichkeiten aus dem Wege zu räumen. Er ist in England der stärkste Verfechter des Prinzips der allmählichen Evolution der organischen Wesen. Wie glänzend seine Arbeit, die er in der Zoologie geleistet hat, auch sein möge, er hätte noch bedeutend mehr getan, wäre er nicht gezwungen gewesen, seine Zeit in einem solchen Maße für die offizielle und literarische Tätigkeit und für seine Bemühungen zu vergeuden, das Unterrichtswesen in unserem Lande zu verbessern. Ich denke, er würde es mir erlauben, einen Vorfall zu erwähnen: Vor vielen Jahren bereitete es mir Kummer, daß Huxley so viele Gelehrte angriff, obwohl ich der Meinung war, daß er in jedem Einzelfalle recht hatte, und das habe ich ihm gesagt. Mit Entrüstung wies er diese Beschuldigung zurück, und ich antwortete, ich sei erfreut zu hören, daß ich mich geirrt hätte. Wir sprachen über seine vollkommen gerechtfertigten Angriffe gegen Owen. Einige Zeit später sagte ich: »Wie gut Sie die groben Fehler Ehrenbergs aufgedeckt haben.« Er stimmte mir zu und sagte, daß es im Interesse der Wissenschaft erforderlich sei, solche Fehler aufzudecken. Noch einige Zeit später fügte ich hinzu: »Der arme Agassiz hat daran glauben müssen, als er Ihnen unter die Hände geriet.« Danach erwähnte ich noch einen Namen, und da warf er mir mit seinen funkelnden Augen einen durchdringenden Blick zu, brach in Gelächter aus und tat so, als verfluche er mich. Er ist ein hervorragender Mann und hat viel für das Wohl der Menschheit getan.

Ich will hier noch einige wenige andere ausgezeichnete Männer erwähnen, die ich gelegentlich gesehen habe; doch habe ich nur wenig Mitteilenswertes über sie anzuführen. Ich empfand eine tiefe Ehrfurcht für Sir J. Herschel, und freue mich, mit ihm in seinem reizenden Hause am Kap der Guten Hoffnung und später auch in seinem Hause in London gespeist zu haben. Ich habe ihn auch bei einigen anderen Gelegenheiten gesehen. Er sprach niemals viel, aber jedes Wort, das er äußerte, war wert, daß man ihm zuhörte. Er war sehr schüchtern, und häufig war sein Gesichtsausdruck gequält. Lady Caroline Bell, bei der ich am Kap der Guten Hoffnung dinierte, bewunderte Herschel sehr, sagte aber, daß er stets mit einer solchen Miene das Zimmer betrete, als ob er wüßte, daß seine Hände nicht gewaschen sind, und dabei wüßte, daß seine Frau weiß, daß sie wirklich schmutzig sind.

Einmal traf ich auch bei einem Essen in Sir R. Murchisons Haus den berühmten Humboldt, der mich durch die Äußerung seines Wunsches, mich zu sehen, geehrt hatte. Ich wurde von diesem großen Mann etwas enttäuscht; doch waren wahrscheinlich meine Erwartungen zu hoch. Betreffs unserer Unterhaltung kann ich mich auf nichts deutlich besinnen, ausgenommen, daß Humboldt sehr lustig war und viel sprach.

Ziemlich häufig besuchte ich Babbage und war regelmäßig bei seinen berühmten Abendgesellschaften zugegen. Es lohnte sich immer, daß man ihm zuhörte, aber er war ein enttäuschter, unbefriedigter Mensch, und häufig oder sogar gewöhnlich setzte er eine finstere Miene auf. Ich denke jedoch, daß er nur halb so griesgrämig war, wie er erscheinen wollte. Eines Tages erzählte er mir, daß er eine wirkungsvolle Methode der Brandbekämpfung erfunden habe, fügte aber hinzu: »Ich gebe sie nicht bekannt, mögen sie alle verkommen, mögen alle ihre Häuser abbrennen!« Alle – das waren die Einwohner Londons. Ein anderes Mal erzählte er mir, daß er in Italien am Straßenrand eine Pumpe mit einer frommen Inschrift gesehen habe, die besagte, daß der Besitzer diese Pumpe aus Liebe zu Gott und zur Heimat gebaut habe, damit sich die müden Wanderer an ihrem Wasser laben könnten. Das weckte die Neugier Babbages, und er untersuchte die Pumpe aufmerksam; dabei stellte er sofort fest, daß der Wanderer beim Pumpen nur wenig Wasser für sich erhielt, während für den Hausbesitzer eine bedeutend größere Menge abfiel. Babbage fügte hinzu: »Es gibt nur eines, was ich noch mehr hasse als die Frömmigkeit: Das ist der Patriotismus.« Aber ich glaube, sein Gebell war sehr viel schlimmer als sein Biß.

Herbert Spencer war als Gesprächspartner sehr interessant für mich, aber er gefiel mir nicht besonders, und ich fühlte, daß ich mich mit ihm nicht leicht befreunden könnte. Ich denke, er war im höchsten Grade egozentrisch. Nachdem ich irgendeines seiner Bücher gelesen hatte, war ich meist sehr entzückt von seinem außergewöhnlichen Talent, doch ich habe mich oft gefragt, ob er in ferner Zukunft mit solchen Menschen wie Descartes, Leibniz und anderen, über die ich jedoch sehr wenig weiß, in eine Reihe gestellt werden wird. Aber dennoch hatte ich nicht das Gefühl, daß ich aus den Werken Spencers irgendwelchen Nutzen für meine eigene Arbeit ziehen würde. Seine deduktive Methode bei der Behandlung aller Probleme ist meiner Geistesrichtung diametral entgegengesetzt. Seine Schlußfolgerungen überzeugten mich nie, und nachdem ich irgendeine seiner Abhandlungen gelesen hatte, sagte ich mir immer wieder: »Ja, das wäre ein hervorragendes Thema für ein Dutzend Jahre Arbeit.« Ich muß sagen, daß seine fundamentalen Schlußfolgerungen (die einige Leute ihrer Bedeutung nach mit den Newtonschen Gesetzen verglichen!) vielleicht vom philosophischen Standpunkt von großem Wert sein mögen, daß sie aber ihrem Charakter nach, wie mir scheint, keine ernste wissenschaftliche Bedeutung besitzen. Sie haben mehr von Definitionen als von Naturgesetzen an sich. Sie können bei der Voraussage, was in diesem oder jenem Einzelfall geschehen, keinerlei Hilfe leisten. Wie dem auch sei, mir haben sie keinerlei Nutzen gebracht.

Diese Erzählung über Spencer erinnert mich an Buckle, den ich einmal bei Hensleigh Wedgwood getroffen habe. Es war mir sehr angenehm, von ihm sein System, Tatsachen zu sammeln, kennenzulernen. Er erzählte mir, daß er alle Bücher, die er lese, kaufe und sich zu einem jeden ein vollständiges Register aller Fakten anlege, von denen er glaube, daß sie für ihn von Nutzen sein würden, und daß er sich erinnern könne, in welchem Buch er irgend etwas gelesen habe, denn sein Gedächtnis sei wunderbar. Ich fragte ihn, wie er von vornherein wissen könne, welche Tatsachen für ihn von Nutzen sein könnten; er antwortete darauf, daß er das nicht wisse, es leite ihn aber dabei eine Art Instinkt. Durch diese Gewohnheit, sich Register anzulegen, war er in der Lage, die staunenswerte Zahl von Hinweisen auf alle nur möglichen Gegenstände zu geben, die man in seiner ›History of Civilisation‹ findet. Meiner Meinung nach ist dieses Buch sehr interessant, und ich habe es zweimal gelesen; ich bezweifle aber, ob seine Verallgemeinerungen irgendwelchen Wert haben. H. Spencer sagte mir, daß er niemals auch nur eine Zeile von ihm gelesen habe! Buckle war ein großer Erzähler, und ich hörte ihm zu, ohne selbst kaum ein Wort zu sagen; auch hätte ich es faktisch nicht tun können, denn er machte keine Pause. Als Effie zu singen anfing, sprang ich auf und sagte, daß ich ihr zuhören müsse; das hat ihn wohl beleidigt, denn nachdem ich mich von ihm entfernt hatte, wendete er sich zu einem Freund um und sagte (wie mein Bruder hören konnte): »Mr. Darwins Bücher sind viel besser als seine Unterhaltung.« In Wirklichkeit wollte er aber sagen, daß ich seine Unterhaltung zuwenig würdigte.

Von anderen literarischen Größen traf ich einmal Sydney Smith im Hause des Dekans Milman. In jedem Worte, das er äußerte, lag etwas ganz unerklärlich Amüsantes. Vielleicht war das eine Folge davon, daß man erwartete, amüsiert zu werden. Er sprach über Lady Cork, die damals schon sehr alt war. Das war die Dame, die, wie er erzählte, einmal von einer seiner Wohltätigkeitspredigten so gerührt war, daß sie sich von einem Freund eine Guinee *borgte,* um sie auf den Teller zu legen. Darauf sagte er: »Man glaubt jetzt allgemein, daß meine teure alte Freundin Lady Cork übersehen worden ist«, und er sagte dies in einer solchen Art und Weise, daß niemand auch nur für einen Augenblick daran zweifeln konnte, er habe gemeint, daß seine teure alte Freundin vom Teufel übersehen worden sei. Wie er es fertigbrachte, das auszudrücken, weiß ich nicht.

Ich traf auch einmal Macaulay im Hause Lord Stanhopes (des Historikers), und da nur noch ein einziger anderer Herr zum Mittagessen dort war, hatte ich eine großartige Gelegenheit, seine Unterhaltung zu hören. Er war sehr angenehm. Er sprach durchaus nicht zu viel; auch konnte ein solcher Mann in der Tat nicht zu viel sprechen, solange er anderen gestattete, den Strom seiner Konversation zu lenken; und dies gestattete er.

Lord Stanhope hat mir einmal einen kleinen merkwürdigen Beweis für die Genauigkeit und den Reichtum von Macaulays Gedächtnis geliefert: Es pflegten sich häufig viele Historiker in Lord Stanhopes Hause zu treffen, und bei der Erörterung verschiedener Gegenstände wichen ihre Ansichten zuweilen von denen Macaulays ab. Früher schlugen sie häufig in irgendeinem Buch nach, um zu sehen, wer recht habe; aber in späterer Zeit nahm sich, wie Lord Stanhope bemerkte, kein Historiker mehr diese Mühe, und was Macaulay nur sagte, war endgültig entscheidend.

Bei einer anderen Gelegenheit traf ich in Lord Stanhopes Hause eine seiner Gesellschaften von Historikern und anderen literarisch tätigen Männern, und unter diesen befanden sich Motley und Grote. Nach dem Mittagessen ging ich in Chevening Park beinahe eine ganze Stunde lang mit Grote spazieren; seine Konversation interessierte mich sehr, und ich war von der Einfachheit seines Wesens und dem Mangel aller Prätentionen sehr angenehm berührt.

Während eines Frühstücks im Hause von Lord Stanhope wurde ich mit einer Reihe anderer hervorragender Männer bekannt. Als das Frühstück seinem Ende zuging, trat Monckton Milnes (jetzt Lord Houghton) ein, blickte alle Anwesenden an und rief aus (wobei er den Spitznamen »Abendkühle«, den ihm Sydney Smith gegeben hatte, rechtfertigte): »Ich muß erklären, daß Sie alle viel zu zeitig da sind.«

Vor langer Zeit aß ich gelegentlich mit dem alten Earl Stanhope, dem Vater des Historikers, zu Mittag; ich hörte, daß sein Vater, der demokratische Earl, der in der Epoche der Französischen Revolution sehr bekannt war, seinen Sohn das Schmiedehandwerk erlernen ließ, denn jeder Mensch müsse, wie er erklärte, irgendein Handwerk beherrschen. Der alte Earl, mit dem ich bekannt war, war ein eigentümlicher Mann; das wenige aber, das ich von ihm kennenlernte, gefiel mir sehr. Er war offen, herzlich und angenehm. Er hatte stark ausgeprägte Züge, einen braunen Teint, und wenn ich ihn sah, war seine Kleidung braun. Er schien an alles Mögliche zu glauben, was für andere völlig unglaublich war. Eines Tages sagte er zu mir: »Warum geben Sie nicht Ihre Kinderpossen, die Geologie und Zoologie, auf und wenden sich den okkulten Wissenschaften zu?« Der Historiker (damals Lord Mahon) schien über diese an mich gerichteten Worte ganz entrüstet, seine reizende Frau sehr amüsiert zu sein.

Der letzte Mann, den ich erwähnen will, ist Carlyle, den ich mehrere Male in meines Bruders [Erasmus] Hause und zwei- oder dreimal in meinem eigenen gesehen habe. Sein Gespräch war sehr geistreich und interessant, genauso wie seine Schriften; er sprach aber zuweilen zu lange über ein und denselben Gegenstand. Ich erinnere mich an ein sehr spaßiges Mittagessen bei meinem Bruder, wo neben wenigen anderen Babbage und Lyell zugegen waren, die beide sehr gern sprachen. Carlyle brachte aber jeden anderen dadurch zum Schweigen, daß er sich während des ganzen Essens über die Vorteile des Stillschweigens erging. Nach dem Essen bedankte sich Babbage in seiner verdrießlichsten Art bei Carlyle für seine interessante Vorlesung über das Schweigen.

Carlyle spöttelte beinahe über alle. Eines Tages nannte er in meinem Hause Grotes Geschichtswerk »ein stinkendes Sumpfloch ohne geistigen Hauch«. Solange seine ›Reminiscences‹ noch nicht erschienen waren, glaubte ich immer, daß sein Spott zum Teil nur Scherz gewesen sei; dies scheint mir aber jetzt ziemlich zweifelhaft. Sein Ausdruck war der eines niedergeschlagenen, beinahe mutlosen, aber doch wohlwollenden Mannes, und es ist bekannt, wie herzlich er lachen konnte. Ich glaube, sein Wohlwollen war echt, wenn auch von nicht wenig Eifersucht gefärbt. Niemand kann an seiner außerordentlichen Fähigkeit zweifeln, lebendige Bilder von Dingen und Menschen zu entwerfen, bei weitem lebendiger, wie mir scheint, als irgendwelche von Macaulay gegebenen. Ob die Bilder, die er von Menschen entworfen hat, richtig sind, das ist eine andere Frage.

Er hat außerordentlich wirkungsvoll vermocht, einige große moralische Wahrheiten den Gemütern der Menschen einzuprägen. Auf der anderen Seite waren seine Ansichten über die Sklaverei empörend. In seinen Augen war Macht Recht. Seine geistige Sphäre scheint mir sehr eng gewesen zu sein, selbst wenn man alle Zweige der exakten Wissenschaft, die er verachtete, ausnimmt. Es ist für mich erstaunlich, daß Kingsley von ihm sagen konnte, er sei dazu geschaffen, die Wissenschaft zu fördern. Er verlachte verächtlich die Idee, daß ein Mathematiker wie Whewell Goethes Ansichten über das Licht beurteilen könne, wie ich es behauptete. Er hielt es für eine äußerst lächerliche Sache, daß sich irgend jemand darüber den Kopf zerbrechen solle, ob sich ein Gletscher ein wenig schneller oder ein wenig langsamer oder ob er sich überhaupt bewege. Soweit ich es beurteilen kann, bin ich niemals einem Manne begegnet, der so wenig für wissenschaftliche Untersuchungen geeignet gewesen wäre.

Während wir in London lebten, besuchte ich die Versammlungen mehrerer wissenschaftlicher Gesellschaften so regelmäßig, wie ich konnte, und war als Sekretär der Geologischen

Gesellschaft tätig. Aber der Besuch solcher Gesellschaften und die gewöhnliche Geselligkeit sagten meiner Gesundheit so wenig zu, daß wir uns entschlossen, auf dem Lande zu leben, was wir beide vorzogen und was wir nie bereut haben.

Das Leben in Down vom 14. September 1842 bis zur Gegenwart (1876)

Nach mehrfachem, vergeblichem Suchen in Surrey und anderswo fanden wir dies Haus und kauften es.[26] Mir gefiel der abwechslungsreiche Anblick der einer Kreidegegend eigentümlichen Vegetation, die der so ungleich war, an die ich in den Grafschaften Mittelenglands gewöhnt gewesen war; und noch mehr gefiel mir die außerordentliche Ruhe und Ländlichkeit des Ortes. Es ist indessen kein ganz so entlegener Ort, wozu ihn der Verfasser eines Artikels in einer deutschen Zeitschrift macht, der sagt, daß mein Haus nur auf einem Maultierpfad zu erreichen sei! Daß wir uns gerade hier niedergelassen haben, war in einer Beziehung, die wir nicht im voraus bedacht hatten, ganz wunderbar, nämlich, daß der Ort sehr günstig für häufige Besuche unserer Kinder gelegen ist, die sich, wenn es die Umstände erlauben, niemals diese Möglichkeit entgehen lassen.

Es können nur wenige Menschen ein so zurückgezogenes Leben geführt haben wie wir. Außer kurzen Besuchen in den Häusern von Verwandten und gelegentlich an der Meeresküste oder in anderen Orten sind wir nirgends hingekommen. Während der ersten Zeit unseres hiesigen Aufenthaltes sind wir ein wenig in Gesellschaft gegangen und haben einige wenige Freunde bei uns gesehen; meine Gesundheit litt aber fast immer an den Folgen der Aufregung, die heftigen Schüttelfrost und Anfälle von Erbrechen hervorrief. Ich bin daher für viele Jahre gezwungen gewesen, alle Mittagsgesellschaften aufzugeben, und das ist für mich ein ziemlicher Verlust gewesen, da derartige Gesellschaften mich immer in sehr gute Stimmung versetzten. Aus derselben Ursache konnte ich auch nur sehr wenige

[26] Down House, am Rande des kleinen Dorfes Downe im Südosten Londons, etwa 25 Kilometer vom Stadtzentrum entfernt.

Darwins Landsitz in Downe

meiner wissenschaftlichen Bekanntschaften hierher einladen. Solange ich noch jung und gesund war, konnte ich sehr herzliche Beziehungen zu den Menschen unterhalten, aber in den späteren Jahren habe ich die Fähigkeit verloren, für irgend jemanden, wer es auch sein möge, tiefe Sympathie zu empfinden, obwohl ich immer noch sehr freundschaftliche Gefühle für viele Personen hege; sogar mit meinen guten und teuren Freunden Hooker und Huxley bin ich nicht mehr so innig verbunden wie in den vergangenen Jahren. Soweit ich urteilen kann, entwickelte sich dieser betrübliche Verlust bei mir allmählich, da ich eine Ermüdung befürchtete, die sich schließlich in meiner Vorstellung verband mit der Begegnung und dem Gespräch mit irgend jemandem, meine Frau und meine Kinder ausgenommen.

Meine hauptsächlichste Freude und meine alleinige Beschäftigung während meines ganzen Lebens ist die wissenschaftliche Arbeit gewesen; und die Anregung durch derartige Arbeit läßt mich für eine gewisse Zeit mein tägliches Unbehagen vergessen oder drängt es wohl auch vollständig zurück. Aus meinem noch übrigen Leben habe ich daher nichts mehr zu berichten, mit Ausnahme der Veröffentlichung meiner verschiedenen Bücher. Vielleicht sind ein paar Einzelheiten darüber, wie sie entstanden sind, der Mitteilung wert.

Anfang des Jahres 1844 wurden meine Beobachtungen über die während der Reise der »Beagle« besuchten vulkanischen Inseln herausgegeben. Im Jahre 1845 verwandte ich viel Mühe darauf, eine neue Ausgabe meines ›Reisetagebuches‹ [›Journal of Researches‹] zu korrigieren, das ursprünglich 1839 als Teil von Fitz-Roys Werk erschienen war. Der Erfolg dieses meines ersten literarischen Erzeugnisses stärkt meine Eitelkeit stets mehr als der irgendeines anderen meiner Bücher. Selbst bis auf den heutigen Tag verkauft es sich in gleichbleibendem Maße in England und in den Vereinigten Staaten und ist zum zweiten Male ins Deutsche, ins Französische und in andere Sprachen übersetzt worden. Dieser Erfolg eines Reisebuches, besonders eines wissenschaftlichen, so viele Jahre nach seinem ersten Erscheinen ist überraschend. Von der zweiten Ausgabe sind in England zehntausend Exemplare verkauft worden. Im Jahre 1846 erschienen meine ›Geologischen Beobachtungen über Südamerika‹. In einem kleinen Tagebuch, das ich immer geführt habe, bemerke ich, daß meine drei geologischen Bücher (die ›Korallenriffe‹ mitgerechnet) vier und ein halbes Jahr stetiger Arbeit beansprucht haben; »und jetzt sind zehn Jahre seit meiner Rückkehr nach England vergangen. Wieviel Zeit habe ich durch Krankheit verloren?« Über diese drei Bücher habe ich nichts zu sagen, ausgenommen, daß zu meiner Überraschung vor kurzem neue Auflagen nötig geworden sind.

Im Oktober 1846 begann ich über Cirripedien [Rankenfüßer] zu arbeiten. Als ich an der Küste von Chile war, fand ich eine äußerst merkwürdige Form, die sich in die Schalen von Concholepas [Meeresschneckengattung] einbohrte und die von allen anderen Cirripedien so bedeutend abwich, daß ich allein zu ihrer Unterbringung eine neue Unterordnung aufstellen mußte. Vor kurzem ist eine verwandte bohrende Gattung an den Küsten von Portugal gefunden worden. Um den Bau meines neuen Rankenfüßers zu verstehen, hatte ich viele der gemeinen Formen zu untersuchen und zu sezieren; das führte mich allmählich darauf, die ganze Gruppe zu bearbeiten. Während der nächsten acht Jahre habe ich ständig an diesem Gegenstand gearbeitet und schließlich zwei dicke Bände veröffentlicht, in denen alle bekannten lebenden Arten beschrieben sind, ebenso zwei dünne Quartbücher über die ausgestorbenen Arten. Ich zweifle nicht daran, daß Sir E. Lytton Bulwer mich meinte, wenn er in einem seiner Romane einen Professor Long einführt, der zwei riesige Bände über Napfschnecken geschrieben hatte.

Obgleich ich acht Jahre lang mit dieser Arbeit beschäftigt war, so enthält doch mein Tagebuch die Bemerkung, daß ich ungefähr zwei Jahre von dieser Zeit durch Krankheit verloren habe. Aus diesem Grund ging ich im Jahre 1848 für einige Monate zur Kaltwasserbehandlung nach Malvern, die mir sehr gut tat, so daß ich bei meiner Rückkehr meine Arbeit wiederaufnehmen konnte. Ich war damals so unwohl, daß ich, als mein teurer Vater am 13. November 1847 starb, weder bei seinem Begräbnis zugegen sein noch sein Testament mit vollstrecken konnte.[27]

Mein Werk über die Rankenfüßer besitzt, wie ich meine, beträchtlichen Wert, da ich, außer der Beschreibung mehrerer neuer und merkwürdiger Formen, die Homologien der verschiedenen Körperteile ermittelt – ich hatte den Zementapparat entdeckt, obschon ich mich über die Zementdrüsen schrecklich getäuscht hatte – und endlich auch bei gewissen Gattungen die Existenz winziger Männchen nachgewiesen habe, die für die Hermaphroditen komplementär sind und an ihnen parasitisch leben. Diese letztere Entdeckung ist schließlich in ihrem ganzen Umfang bestätigt worden, obgleich ein deutscher Autor einmal so freundlich war, die ganze Darstellung meiner fruchtbaren Phantasie zuzuschreiben. Die Cirripedien bilden eine in hohem Grade variable und schwer klassifizierbare Gruppe von Formen; meine Arbeit war mir von beträchtlichem Nutzen, als ich in meiner ›Entstehung der Arten‹ die Grundsätze einer natürlichen Klassifikation zu erörtern hatte. Trotzdem bezweifle ich, ob das Werk der Aufwendung von so viel Zeit wert war.

Seit September 1854 widmete ich meine ganze Zeit dem Ordnen meiner ungeheuren Masse von Notizen, der Beobachtung und dem Experimentieren in bezug auf die Umwandlung der Arten. Während der Reise der »Beagle« hatte die Entdeckung großer fossiler Tiere, die mit einem Panzer, gleich dem der jetzt existierenden Gürteltiere, bedeckt waren, in der Pampasformation [Patagoniens] einen tiefen Eindruck auf mich gemacht; zweitens die Art und Weise, in der beim Hinabgehen nach Süden über den Kontinent [Südamerika] nahe verwandte Tiere einander vertreten; und drittens der südamerikanische Charakter der meisten Naturerzeugnisse des Galapagosarchipels und

---

[27] Hier ist Darwin ein seltsamer Irrtum unterlaufen: Sein Vater starb 1848!

ganz besonders die Art und Weise, wie sie sich auf einer jeden Insel der Gruppe geringfügig voneinander unterscheiden; keine der Inseln schien im geologischen Sinne des Wortes sehr alt zu sein.

Es war offenbar, daß Tatsachen wie diese, ebenso wie viele andere, nur unter der Annahme erklärt werden konnten, daß die Arten allmählich modifiziert werden; und das Problem ließ mich nicht ruhen. Es war aber in gleicher Weise offenbar, daß weder die Wirkung der umgebenden Bedingungen noch der Wille der Organismen (besonders was die Pflanzen betrifft) die zahllosen Fälle erklären konnte, in denen Organismen aller Art ihrer Lebensweise wunderbar angepaßt sind – so zum Beispiel ein Specht oder ein Laubfrosch zum Erklettern der Bäume oder ein Same zur Verbreitung durch Haken oder Samenkronen. Mir waren derartige Anpassungen immer sehr aufgefallen, und solange diese nicht erklärt werden konnten, schien es mir beinahe nutzlos zu sein, den Versuch zu unternehmen, durch indirekte Beweise zu belegen, daß Arten modifiziert worden sind.

Nach meiner Rückkehr nach England kam mir der Gedanke, daß durch Befolgung des von Lyell für die Geologie gegebenen Beispiels und durch Sammeln aller Tatsachen, die in irgendeiner Weise sich auf das Abändern der Tiere und Pflanzen im Zustande der Domestikation und im Naturzustand beziehen, vielleicht etwas Licht auf das ganze Problem geworfen werden könnte. Mein erstes Notizbuch wurde im Juli 1837 begonnen. Ich arbeitete nach echten Baconschen Grundsätzen[28] und sammelte ohne irgendeine Theorie Tatsachen in großem Maßstab, ganz besonders mit Bezug auf domestizierte Naturprodukte, durch gedruckte Fragebogen, durch Unterhaltung mit geschickten Tierzüchtern und Gärtnern und durch umfassende Lektüre. Wenn ich die Liste von Büchern aller Art durchsehe, die ich gelesen und von denen ich Auszüge gemacht habe, unter denen sich ganze Reihen von Journalen und Abhandlungen befinden, so bin ich von meinem Fleiß überrascht. Ich nahm bald wahr, daß Zuchtwahl der Schlüssel zum Erfolg des Menschen beim Hervorbringen nützlicher Rassen von Tieren und Pflanzen ist. Wie aber Zuchtwahl auf Organismen angewendet werden könne, die im Naturzustand leben, blieb noch einige Zeit für mich ein Geheimnis.

[28] Die empirische, von Einzelbefunden ausgehende »induktive Methode« des englischen Philosophen Francis Bacon (1561–1626).

Im Oktober 1838, also fünfzehn Monate nachdem ich meine Untersuchungen systematisch angefangen hatte, las ich zufällig zur Unterhaltung Malthus' Buch über das Bevölkerungsproblem, und da ich hinreichend darauf vorbereitet war, den überall stattfindenden Kampf um die Existenz zu würdigen, namentlich durch lange fortgesetzte Beobachtung der Lebensweise von Tieren und Pflanzen, kam mir sofort der Gedanke, daß unter solchen Umständen günstige Abänderungen dazu neigen, erhalten zu werden, und ungünstige, zerstört zu werden. Das Resultat hiervon würde die Bildung neuer Arten sein. Hier hatte ich nun endlich eine Theorie, mit der ich arbeiten konnte; ich war aber so ängstlich darauf bedacht, jegliche Voreingenommenheit zu vermeiden, daß ich mich entschloß, eine Zeitlang auch nicht einmal die kürzeste Skizze davon niederzuschreiben. Im Juni 1842 gestattete ich mir zum ersten Male die Befriedigung, einen ganz kurzen Abriß meiner Theorie, 35 Seiten lang, mit Bleistift niederzuschreiben, und dieser wurde dann während des Sommers 1844 zu einem zweiten von 230 Seiten erweitert, den ich ordentlich abschreiben ließ und noch besitze.

Zu jener Zeit übersah ich aber ein Problem von großer Bedeutung, und ich wundere mich, nach dem Prinzip des Columbus und seinem Ei, wie ich dasselbe und seine Lösung nur habe übersehen können. Dieses Problem ist die den von ein und demselben Stamme herkommenden organischen Wesen innewohnende Neigung, in ihren Charakteren bei ihrer weiteren Modifikation zu divergieren. Daß sie stark divergiert haben, geht deutlich aus der Art und Weise hervor, in der alle Arten unter Gattungen, Gattungen unter Familien, Familien unter Unterordnungen und so fort klassifiziert werden können; ich kann mich selbst noch der Stelle auf der Straße erinnern, wo mir, während ich in meinem Wagen saß, die Lösung einfiel; und das geschah lange Zeit nach meiner Übersiedlung nach Down. Die Lösung ist, wie ich glaube, die, daß die modifizierten Nachkommen aller vorherrschenden und zunehmenden Formen dazu neigen, vielen und in hohem Grade verschiedenartigen Stellen im Naturhaushalt angepaßt zu werden.

Anfang des Jahres 1856 riet mir Lyell, meine Ansichten einigermaßen vollständig niederzuschreiben, und ich begann auch sofort, dies drei- oder viermal ausführlicher zu tun, als ich es später in meiner ›Entstehung der Arten‹ getan habe; dennoch war dies nur ein Auszug aus den Materialien, die ich gesammelt hatte; ich hielt mich an diesen Maßstab und erledigte etwa die

Hälfte der Arbeit. Meine Pläne wurden aber zunichte gemacht, denn Anfang des Sommers 1858 schickte mir Mr. Wallace, der sich damals im Malaiischen Archipel befand, eine Abhandlung ›Über die Neigung der Varietäten, unbegrenzt vom ursprünglichen Typus abzuweichen‹, und diese Abhandlung enthielt genau dieselbe Theorie wie die meinige. Mr. Wallace drückte den Wunsch aus, wenn ich seine Abhandlung günstig beurteilte, sie Lyell zur Durchsicht zu schicken.

Die Umstände, unter denen ich auf Lyells und Hookers Bitten einwilligte, daß ein Auszug aus meinem Manuskript mit einem Brief an Asa Gray, vom 5. September 1857 datiert, gleichzeitig mit Wallaces Abhandlung veröffentlicht würde, sind im ›Journal of the Proceedings of the Linnean Society‹, 1858, S. 45, mitgeteilt. Anfangs war ich durchaus nicht geneigt einzuwilligen, da ich meinte, Mr. Wallace könne meine Handlungsweise für unrechtmäßig halten, denn ich wußte damals noch nicht, wie großmütig und edel seine Gesinnung ist. Der Auszug aus meinem Manuskript war ebensowenig wie der Brief an Asa Gray für eine Veröffentlichung bestimmt gewesen, und beides ist schlecht geschrieben. Auf der anderen Seite ist Mr. Wallaces Abhandlung wundervoll im Ausdruck und vollkommen klar. Trotzdem erregten unsere gemeinsamen Erzeugnisse sehr wenig Aufmerksamkeit, und die einzige veröffentlichte Bemerkung über sie, deren ich mich erinnern kann, rührte von Professor Haughton in Dublin her, dessen Urteil dahin ging, daß alles, was neu in ihnen sei, falsch sei, und daß das Richtige alt sei. Dies beweist, wie notwendig es ist, daß jede neue Ansicht in ziemlicher Ausführlichkeit mitgeteilt werden muß, um die öffentliche Aufmerksamkeit zu erregen.

Im September 1858 machte ich mich, dem dringlichen Rate Lyells und Hookers folgend, an die Arbeit, einen Band über die Transmutation der Arten vorzubereiten, wurde aber häufig durch Krankheit und durch kurze Besuche in Dr. Lanes wunderschöner Kaltwasserheilanstalt in Moor Park unterbrochen. Ich machte aus dem 1856 in einem viel größeren Maßstab angefangenen Manuskript einen Auszug und vollendete den Band in demselben verkleinerten Maßstab. Das kostete mich dreizehn Monate und zehn Tage harter Arbeit. Er wurde unter dem Titel ›Origin of Species‹ [›Entstehung der Arten‹] im November 1859 veröffentlicht. Obgleich in den späteren Ausgaben vieles hinzugesetzt und korrigiert worden ist, ist es doch im wesentlichen das gleiche Buch geblieben.

ON

THE ORIGIN OF SPECIES

BY MEANS OF NATURAL SELECTION,

OR THE

PRESERVATION OF FAVOURED RACES IN THE STRUGGLE FOR LIFE.

By CHARLES DARWIN, M.A.,

FELLOW OF THE ROYAL, GEOLOGICAL, LINNÆAN, ETC., SOCIETIES;
AUTHOR OF 'JOURNAL OF RESEARCHES DURING H. M. S. BEAGLE'S VOYAGE
ROUND THE WORLD.'

LONDON:
JOHN MURRAY, ALBEMARLE STREET.
1859.

Titelblatt der ersten Ausgabe der ›Entstehung der Arten‹, die am 24. November 1859 in einer Auflage von 1250 Exemplaren erschien und bereits am Erscheinungstag verkauft wurde

Es ist ohne Zweifel die Hauptarbeit meines Lebens. Das Buch war von Anfang an außerordentlich erfolgreich. Die erste kleine Auflage von 1250 Exemplaren wurde am Tage des Erscheinens verkauft und eine zweite Ausgabe von 3000 Exemplaren bald danach. Bis jetzt (1876) sind in England 16 000 Exemplare verkauft worden; und bedenkt man, wie schwer sich das Buch liest, so ist das ein bedeutender Absatz. Es ist beinahe in alle europäischen Sprachen übersetzt worden, selbst in solche wie Spanisch, Tschechisch, Polnisch und Russisch. Es ist auch, wie Miss Bird angibt, in das Japanische übersetzt worden und wird in Japan viel studiert.[29] Selbst ein hebräischer Aufsatz ist darüber erschienen, der nachweist, daß die Theorie im Alten Testament enthalten ist! Die Besprechungen des Buches waren sehr zahlreich; eine Zeitlang sammelte ich alles, was über die ›Entstehung der Arten‹ und meine sich darauf beziehenden Bücher erschien, und das belief sich (mit Ausschluß der Besprechungen in Tagesblättern) auf 265; nach einiger Zeit gab ich aber den Versuch aus Verzweiflung auf. Es sind auch zahlreiche eigene Abhandlungen und Bücher über den Gegenstand erschienen, und in Deutschland ist alle ein oder zwei Jahre ein Katalog oder eine Bibliographie über »Darwinismus« veröffentlicht worden.

Der Erfolg der ›Entstehung der Arten‹ dürfte meiner Ansicht nach zum großen Teil dem Umstand zuzuschreiben sein, daß ich schon lange vorher zwei zusammengedrängte Skizzen niedergeschrieben und schließlich ein viel umfangreicheres Manuskript, das selbst schon ein Auszug war, exzerpiert hatte. Hierdurch war ich in der Lage, die eindrucksvolleren Tatsachen und Folgerungen auszuwählen. Ich hatte überdies viele Jahre lang eine goldene Regel befolgt, nämlich, daß ich, sobald ich einer veröffentlichten Tatsache begegnete oder mir eine neue Beobachtung oder ein Gedanke vorkam, der zu meinen allgemeinen Resultaten im Widerspruch stand, ohne Einschränkung und auf der Stelle mir eine Notiz davon machte; denn ich wußte aus Erfahrung, daß derartige Tatsachen und Gedanken dem Gedächtnis meist weit eher entfallen als günstige. Dank dieser Gewohnheit sind sehr wenig Einwände gegen meine Ansichten erhoben worden, die ich nicht wenigstens schon vorher erkannt und zu beantworten versucht hätte.

Es ist zuweilen gesagt worden, der Erfolg der ›Entstehung der Arten‹ habe bewiesen, »daß der Gegenstand in der Luft gelegen

---

[29] Diese Angabe Darwins beruht auf einem Irrtum.

habe«, oder daß »die Geister darauf vorbereitet gewesen seien«. Ich glaube nicht, daß dies völlig zutrifft, denn ich habe gelegentlich nicht wenige Naturforscher sondiert, und ich bin dabei niemals auch nur auf einen einzigen gestoßen, der an der Beständigkeit der Arten zu zweifeln schien. Selbst Lyell und Hooker, obgleich sie mir mit Interesse zuhörten, schienen niemals mit mir übereinzustimmen. Ich habe ein paarmal versucht, tüchtigen Männern zu erklären, was ich unter natürlicher Zuchtwahl verstand, doch entschieden ohne Erfolg. Eins war meiner Meinung nach vollkommen richtig, nämlich, daß unzählige gut beobachtete Tatsachen in den Köpfen der Naturforscher aufgespeichert waren, bereit, sofort die richtige Stelle angewiesen zu erhalten, sobald irgendeine zu ihrer Aufnahme geeignete Theorie hinreichend erklärt sein würde. Ein anderer Faktor beim Erfolg des Buches war sein mäßiger Umfang, und dies verdanke ich dem Erscheinen von Mr. Wallaces Abhandlung; hätte ich das Buch in dem Maßstab veröffentlicht, in dem ich 1856 zu schreiben angefangen hatte, so wäre es vier- oder fünfmal größer geworden als die ›Entstehung der Arten‹, und da hätten nur sehr wenige die Geduld gehabt, es zu lesen.

Durch das Aufschieben der Veröffentlichung ungefähr von 1839 an, als ich die Theorie klar konzipiert hatte, bis 1859 habe ich viel gewonnen; und ich habe dadurch nichts verloren, denn es kümmerte mich sehr wenig, ob die Menschen mir oder Wallace die meiste Originalität zuschrieben; und seine Abhandlung hat ohne Zweifel zur Annahme der Theorie beigetragen. Nur in einem einzigen wichtigen Punkt ist man mir zuvorgekommen, was meine Eitelkeit mich immer hat bedauern lassen, nämlich die Erklärung des Vorhandenseins derselben Arten von Pflanzen und von einigen wenigen Tieren auf entfernten Berggipfeln und in den arktischen Regionen mit Hilfe der Eiszeit. Diese Auffassung gefiel mir so, daß ich sie ausführlich niederschrieb, und Hooker hat dies einige Jahre früher gelesen, ehe E. Forbes seine berühmte Abhandlung über diesen Gegenstand veröffentlichte. In den wenigen Punkten, in denen wir verschiedener Ansicht waren, glaube ich noch immer, daß ich recht hatte. Natürlich habe ich in meinen gedruckten Schriften niemals angedeutet, daß ich diese Ansicht unabhängig [von Forbes] ausgearbeitet hatte.

Kaum ein anderer Punkt hat mir, als ich an der ›Entstehung der Arten‹ arbeitete, so viel Befriedigung verschafft wie die Erklärung der in vielen Klassen vorhandenen großen Verschiedenheit zwischen dem Embryo und dem erwachsenen Tier und der großen Ähnlichkeit der Embryonen in ein und derselben Klasse. Soviel ich mich erinnern kann, hatte in den ersten Besprechungen der ›Entstehung der Arten‹ dieser Punkt keine Beachtung gefunden, und ich entsinne mich, in einem Brief an Asa Gray meine Verwunderung hierüber ausgedrückt zu haben. Innerhalb der letzten Jahre haben mehrere meiner Kritiker das ganze Verdienst Fritz Müller und Haeckel zugeschrieben, die zweifellos den Gegenstand viel ausführlicher und in manchen Beziehungen korrekter, als ich es getan hatte, behandelt haben. Ich besaß Material für ein ganzes Kapitel über dieses Thema, und ich hätte die Erörterung darüber ausführlicher gestalten sollen; denn es ist klar, daß es mir nicht gelungen war, auf meine Leser einen tieferen Eindruck zu machen; und wer dabei Erfolg hat, verdient meiner Meinung nach auch dafür alle Anerkennung.

In diesem Zusammenhang muß ich bemerken, daß ich beinahe immer von meinen Kritikern anständig behandelt worden bin, wobei ich diejenigen ohne wissenschaftliche Kenntnisse als nicht erwähnenswert beiseite lasse. Meine Ansichten sind häufig grob entstellt, mit Bitterkeit angegriffen und lächerlich gemacht worden; das ist aber, wie ich glaube, meist in gutem Glauben geschehen. Ich muß jedoch eine Ausnahme bei Mr. Mivart machen, der mich, wie sich ein Amerikaner in einem Brief über ihn geäußert hat, »wie ein Winkeladvokat« oder, wie Huxley sagte, »wie ein Anwalt von Old Bailey«[30] behandelte. Im ganzen zweifle ich nicht daran, daß meine Arbeiten wiederholt bedeutend über Gebühr gepriesen worden sind. Ich freue mich darüber, daß ich Streitigkeiten vermieden habe, und das verdanke ich Lyell, der mir vor vielen Jahren im Hinblick auf meine geologischen Arbeiten dringend riet, mich niemals in einen Streit verwickeln zu lassen, da ein solcher selten etwas Gutes bewirke und einen elenden Verlust an Zeit und guter Laune verursache.

Sooft ich nur immer bemerke, daß ich mich versehen habe oder daß meine Arbeit unvollkommen ist, und wenn ich verächtlich kritisiert wurde und selbst wenn ich über Gebühr gelobt wurde, so daß ich mich gedemütigt fühlte, ist es meine größte Beruhigung gewesen, mir selbst hunderte Male zu sagen: »Ich habe so angestrengt und so gut gearbeitet, wie ich nur

---

[30] Oberster Strafgerichtshof in London.

konnte, und kein Mensch kann mehr als das tun.« Ich erinnere mich, als ich in der Good Success Bay auf Feuerland war, gedacht zu haben (und ich glaube, ich habe in demselben Sinne nach Hause geschrieben), daß ich mein Leben nicht besser anwenden könne, als ein wenig zur Förderung der Naturwissenschaft beizutragen. Das habe ich nach besten Kräften getan, und meine Kritiker mögen sagen, was sie wollen, diese Überzeugung können sie mir nicht zerstören.

Während der letzten zwei Monate des Jahres 1859 war ich vollständig mit der Vorbereitung einer zweiten Ausgabe der ›Entstehung der Arten‹ und mit einer enormen Korrespondenz beschäftigt. Am 7. Januar 1860 begann ich meine Notizen für mein Werk ›Das Variieren der Tiere und Pflanzen im Zustande der Domestikation‹ zu ordnen, das jedoch erst Anfang 1868 erschien; die Verzögerung war zum Teil durch häufige Krankheiten verursacht worden, von denen eine sieben Monate dauerte, zum Teil dadurch, daß ich in Versuchung kam, Abhandlungen über andere Themen zu veröffentlichen, die mich zu der Zeit mehr interessierten.

Am 15. Mai 1862 erschien mein kleines Buch ›Die Befruchtung der Orchideen‹, das mich zehn Monate Arbeit gekostet hat. Die meisten der darin angeführten Tatsachen hatten sich nach und nach in mehreren Jahren angesammelt. Während des Sommers 1839 und, ich glaube, schon während des vorhergehenden Sommers war ich dadurch, daß ich in meinen Betrachtungen über den Ursprung der Arten zu der Schlußfolgerung gekommen war, die Kreuzung spiele eine wichtige Rolle bei dem Konstanthalten spezifischer Formen, dazu bewogen worden, die Kreuzbefruchtung von Blüten durch Insekten aufmerksam zu beobachten. Ich habe dann dem Gegenstand in jedem darauffolgenden Sommer mehr oder weniger Aufmerksamkeit geschenkt, und mein Interesse war noch dadurch bedeutend erhöht worden, daß ich mir im November 1841 auf den Rat Robert Browns ein Exemplar von C. K. Sprengels wunderbarem Buch ›Das entdeckte Geheimnis der Natur‹ verschafft und das Buch gelesen hatte. Einige Jahre hindurch vor 1862 galt mein spezielles Interesse der Befruchtung unserer britischen Orchideen, und es schien mir am besten zu sein, lieber eine möglichst vollständige Darstellung dieser Pflanzengruppe zu geben, als die große Menge von Material auszunutzen, die ich allmählich in bezug auf andere Pflanzen gesammelt hatte.

Mein Entschluß erwies sich als weise, denn seit dem Erscheinen meines Buches ist eine überraschend große Zahl von Aufsätzen und Büchern über die Befruchtung aller möglichen Blüten erschienen; und diese sind weit besser ausgeführt, als ich es hätte tun können. Die Verdienste des armen alten Sprengel, die so lange übersehen worden sind, sind jetzt, so viele Jahre nach seinem Tode, vollständig anerkannt worden.

Im selben Jahr veröffentlichte ich im ›Journal of the Linnean Society‹ eine Abhandlung ›Über die zwei Formen oder den dimorphen Zustand von Primula‹ und während der nächsten fünf Jahre noch fünf weitere Aufsätze über dimorphe und trimorphe Pflanzen. Ich glaube nicht, daß mir irgend etwas anderes in meinem wissenschaftlichen Leben so viel Befriedigung gewährt hat wie der Nachweis der Bedeutung, die die Struktur [der Blüten] dieser Pflanzen hat. Ich hatte im Jahre 1838 oder 1839 den Dimorphismus von *Linum flavum* [Gelber Lein] bemerkt und zuerst geglaubt, es handle sich dabei nur um einen Fall bedeutungsloser Variabilität. Als ich aber die gemeinen Arten von *Primula* untersuchte, bemerkte ich, daß die beiden Formen viel zu regelmäßig und konstant sind, um so betrachtet zu werden. Ich wurde dadurch beinahe überzeugt, daß die Wiesenschlüsselblume und die Stengellose Primel auf dem Wege waren, zweihäusig zu werden; daß der kurze Stempel in der einen Form und die kurzen Staubfäden in der anderen zur Verkümmerung neigen. Die Pflanzen wurden daher unter diesem Gesichtspunkt überprüft; sobald aber die Blüten mit kurzen Stempeln mit Pollen aus den kurzen Staubfäden befruchtet wurden, zeigte es sich, daß sie mehr Samen hervorbrachten als irgendeine andere von den vier möglichen Verbindungen, und damit erhielt denn die Verkümmerungstheorie einen schweren Schlag. Nach einigen weiteren Experimenten stellte sich heraus, daß die zwei Formen, obschon sie beide vollkommene Hermaphroditen waren, doch beinahe dieselben Beziehungen zueinander zeigten wie die beiden Geschlechter eines gewöhnlichen Tieres. Bei *Lythrum* [Weiderich] haben wir den noch wunderbareren Fall vor uns, daß drei Formen in einem ähnlichen Verhältnis zueinander stehen. Später habe ich noch entdeckt, daß die Nachkommen aus einer Verbindung zweier zu der nämlichen Form gehörenden Pflanzen eine sehr große und merkwürdige Analogie mit den Hybriden aus der Verbindung zweier verschiedener Arten darstellen.

Im Herbst 1864 beendete ich eine lange Abhandlung über ›Kletternde Pflanzen‹ und schickte sie der Linnean Society ein.

Die Niederschrift dieser Abhandlung kostete mich vier Monate; als ich aber die Korrekturabzüge davon erhielt, war ich so unwohl, daß ich gezwungen war, sie in ihrem sehr schlechten und oft unklaren Stil zu belassen. Die Abhandlung wurde wenig beachtet; als sie aber im Jahre 1875 korrigiert und als besonderes Buch herausgegeben wurde, verkaufte sie sich gut. Ich war durch die Lektüre eines kurzen im Jahre 1858 erschienenen Aufsatzes von Asa Gray über die Bewegungen der Ranken eines Kürbisgewächses darauf gebracht worden, dieses Thema aufzugreifen. Er hatte mir Samen geschickt, und beim Aufziehen einiger Pflanzen haben mich die Drehbewegungen der Ranken und Stengel – die in Wirklichkeit sehr einfach sind, obgleich sie auf den ersten Blick sehr kompliziert erscheinen – so sehr fasziniert und verwirrt, daß ich mir verschiedene andere Arten von Kletterpflanzen verschaffte und das ganze Problem studierte. Die Sache zog mich um so mehr an, als ich mit der Erklärung, die uns Henslow in seinen Vorlesungen gegeben hatte, durchaus nicht befriedigt war, daß nämlich die windenden Pflanzen eine natürliche Neigung besäßen, in einer Spirale aufzuwachsen. Diese Erklärung stellte sich als vollkommen irrig heraus. Einige von den Anpassungen der kletternden Pflanzen sind ebenso wundervoll wie diejenigen der Orchideen, die eine Kreuzbefruchtung gewährleisten.

Mein ›Variieren der Tiere und Pflanzen im Zustande der Domestikation‹ wurde, wie bereits erwähnt, zu Anfang des Jahres 1860 begonnen, aber erst zu Anfang des Jahres 1868 veröffentlicht. Es ist ein dickes Buch, das mich vier Jahre und zwei Monate harter Arbeit kostete. Es enthält alle meine Beobachtungen und eine immense Anzahl von Tatsachen, die aus den verschiedensten Quellen über unsere domestizierten Organismen gesammelt worden sind. Im zweiten Band werden die Ursachen und die Gesetze der Abänderung, der Vererbung usw. erörtert, soweit es der gegenwärtige Stand unserer Kenntnisse gestattet. Gegen Ende des Werkes lege ich meine vielgeschmähte Hypothese der Pangenesis vor. Eine nicht bestätigte Hypothese ist von geringem oder von gar keinem Wert. Wenn aber später irgend jemand veranlaßt werden sollte, Beobachtungen anzustellen, durch die eine derartige Hypothese zu begründen wäre, so werde ich ihm einen guten Dienst erwiesen haben, da auf diese Weise eine erstaunlich große Zahl isolierter Tatsachen miteinander in Verbindung gebracht und verständlich gemacht werden können. Im Jahre 1875 kam eine zweite und bedeutend verbesserte Auflage heraus, die mir ziemlich viel Mühe bereitet hatte.

Meine ›Abstammung des Menschen‹ erschien im Februar 1871. Sobald ich im Jahre 1837 oder 1838 überzeugt worden war, daß Arten veränderliche Produkte sind, konnte ich mich nicht dem Glauben verschließen, daß auch der Mensch unter dasselbe Gesetz fallen müsse. Infolgedessen sammelte ich mir zu meiner eigenen Befriedigung und lange Zeit ohne die Absicht, darüber etwas zu veröffentlichen, Notizen, die sich auf den Gegenstand bezogen. Obgleich in der ›Entstehung der Arten‹ nirgends die Abkunft irgendeiner besonderen Art erörtert wird, hielt ich es doch für das beste, damit kein anständiger Mensch mich deshalb angreifen könne, weil ich meine Ansichten verheimlicht hätte, diesem Werke die Bemerkung hinzuzufügen, »es werde auch der Ursprung des Menschen und seine Geschichte beleuchtet werden«. Es würde nutzlos und für den Erfolg des Buches [›Über die Entstehung der Arten‹] schädlich gewesen sein, hätte ich mit meiner Überzeugung betreffs des Ursprungs des Menschen glänzen wollen, ohne irgendwelche Beweise beizubringen.

Als ich aber merkte, daß viele Naturforscher die Lehre von der Entwicklung der Arten vollständig akzeptiert hatten, schien es mir ratsam zu sein, derartige Notizen, wie sie in meinem Besitze waren, auszuarbeiten und eine spezielle Abhandlung über den Ursprung des Menschen herauszubringen. Ich tat dies um so lieber, als es mir Gelegenheit gab, die geschlechtliche Zuchtwahl ausführlich zu erörtern, einen Gegenstand, der mich immer sehr interessiert hatte. Dieses Kapitel und diejenigen über das Abändern unserer domestizierten Organismen, zusammen mit den Ursachen und Gesetzen der Abänderung, der Vererbung usw. und das Kreuzen von Pflanzen sind die einzigen Themen, die ich erschöpfend darstellen konnte, indem ich alles Material benutzte, das ich gesammelt hatte. Die ›Abstammung des Menschen‹ niederzuschreiben nahm drei Jahre in Anspruch; dabei ging aber wie gewöhnlich ein Teil dieser Zeit durch Krankheit verloren, etwas Zeit wurde auch auf die Vorbereitung neuer Ausgaben und auf andere kleinere Arbeiten verwendet. Eine zweite und bedeutend verbesserte Auflage der ›Abstammung‹ erschien 1874.

Mein Buch über den ›Ausdruck der Gemütsbewegungen beim Menschen und bei den Tieren‹ erschien im Herbst 1872. Ich hatte zuerst beabsichtigt, nur ein Kapitel über diesen Gegenstand in der ›Abstammung des Menschen‹ zu schreiben; sobald ich aber anfing, meine Notizen zusammenzustellen, sah ich, daß er eine besondere Abhandlung erforderte.

Mein erstes Kind wurde am 27. Dezember 1839 geboren, und ich begann sofort, mir über das erste Dämmern der verschiedenen Ausdrucksformen, die der Knabe zeigte, Notizen zu machen; denn schon in dieser frühen Phase war ich überzeugt, daß die kompliziertesten und feinsten Schattierungen des Ausdrucks sämtlich einen allmählichen und natürlichen Ursprung gehabt haben müssen. Im Sommer des folgenden Jahres, 1840, las ich Sir C. Bells wunderbares Werk über den Ausdruck, und das erhöhte sehr das Interesse, das ich an dem Gegenstand hatte, obgleich ich durchaus nicht mit der Ansicht übereinstimmen konnte, daß verschiedene Muskeln speziell zum Zwecke des Ausdrucks geschaffen worden seien. Von dieser Zeit an widmete ich diesem Problem gelegentlich meine Aufmerksamkeit, und zwar sowohl in bezug auf den Menschen als auch auf die domestizierten Tiere. Mein Buch fand guten Absatz; allein 5267 Exemplare wurden am Erscheinungstag verkauft.

Im Sommer 1860 weilte ich zur Erholung in der Nähe von Hartfield, wo zwei Arten von *Drosera* [Sonnentau] sehr häufig vorkommen; dabei bemerkte ich, daß zahlreiche Insekten von den Blättern gefangen worden waren. Ich nahm einige Pflanzen mit nach Hause, und als ich ihnen Insekten gab, sah ich die Bewegungen der Tentakel; das brachte mich auf den Gedanken, daß wahrscheinlich die Insekten zu irgendeinem speziellen Zweck gefangen würden. Glücklicherweise kam mir eine entscheidende Probe in den Sinn, nämlich eine große Anzahl von Blättern in verschiedene stickstoffhaltige und nicht stickstoffhaltige Flüssigkeiten gleicher Dichte zu legen, und sobald ich bemerkte, daß allein die ersteren energische Bewegungen [der Blätter] anregten, war es sofort klar, daß hier ein schönes neues Feld für weitere Untersuchungen vorlag.

Sooft ich in den folgenden Jahren freie Zeit hatte, setzte ich meine Versuche fort, und mein Buch über ›Insektenfressende Pflanzen‹ wurde im Juli 1875 herausgegeben, das heißt sechzehn Jahre nach meinen ersten Beobachtungen. Die Verzögerung ist in diesem Falle, wie bei meinen sämtlichen anderen Büchern, ein großer Vorteil für mich gewesen; denn nach Ablauf einer langen Zeit kann man seine eigene Arbeit beinahe ebenso gut kritisieren wie die einer anderen Person. Die Tatsache, daß eine Pflanze bei angemessener Reizung eine der Verdauungsflüssigkeit eines Tieres weitgehend analoge Flüssigkeit, die eine Säure und ein Ferment enthält, absondern kann, war sicherlich eine wichtige Entdeckung.

In diesem Herbst des Jahres 1876 werde ich ein Werk herausgeben über ›Die Wirkungen der Kreuz- und Selbstbefruchtung im Pflanzenreich‹. Dieses Buch wird eine Ergänzung zu dem über die ›Befruchtung der Orchideen‹ bilden, in dem ich gezeigt habe, wie vollkommen dort die Mittel für eine Kreuzbefruchtung ausgebildet sind; hier werde ich veranschaulichen, wie bedeutungsvoll die Resultate einer solchen sind. Ich war durch eine rein zufällige Beobachtung darauf gekommen, im Verlauf von elf Jahren die zahlreichen in diesem Buch mitgeteilten Experimente anzustellen; und in der Tat bedurfte es eines bloßen Zufalls, um meine Aufmerksamkeit vollständig auf die merkwürdige Tatsache zu lenken, daß Sämlinge von selbstbefruchteter Herkunft selbst schon in der ersten Generation an Höhe und Lebenskraft hinter Sämlingen von kreuzbefruchteter Herkunft zurückstehen. Ich hoffe, auch eine durchgesehene Ausgabe meines Buches über Orchideen herausbringen zu können, ebenso später meine Abhandlungen über dimorphe und trimorphe Pflanzen zusammen mit einigen weiteren Beobachtungen über verwandte Punkte, die ich bis jetzt noch nicht Zeit gehabt habe zu ordnen. Meine Kraft wird dann wahrscheinlich erschöpft sein, und ich werde dann bereit sein auszurufen: »Nunc dimittis.«[31]

[Der folgende Abschnitt (bis Seite 106) wurde am 1. Mai 1881 geschrieben.]

›Die Wirkungen der Kreuz- und Selbstbefruchtung‹ wurden im Herbst 1876 veröffentlicht; die Resultate, zu denen ich darin gelangt bin, erklären, wie ich glaube, die endlosen und wunderbaren Einrichtungen für den Transport der Pollen von einer Pflanze zu einer anderen derselben Art. Ich glaube indessen jetzt, hauptsächlich nach den Beobachtungen von Hermann Müller, daß ich noch stärker, als ich es getan habe, die vielen Anpassungen zur Selbstbefruchtung hätte betonen sollen, obschon mir viele derartige Anpassungen wohl bekannt waren. Eine bedeutend erweiterte Ausgabe meiner ›Befruchtung der Orchideen‹ erschien 1877.

---

[31] Anspielung auf den Ausspruch Simeons (Lukas 2,29): »Nunc dimittis servum tuum, Domine« (Herr, nun lässest du deinen Diener in Frieden fahren).

In diesem Jahre erschien das Buch ›Die verschiedenen Formen der Blüten usw.‹; 1880 folgte die zweite Auflage. Dies Buch besteht hauptsächlich aus den verschiedenen Aufsätzen über heterostyle [verschiedengriffelige] Blüten, die ursprünglich von der Linnean Society herausgegeben worden waren, in einer korrigierten Form und mit Hinzufügung vielen neuen Materials, zusammen mit Beobachtungen über einige andere Fälle, in denen ein und dieselbe Pflanze zwei Arten von Blüten trägt. Wie ich schon früher bemerkt habe, hat mir keine andere von meinen kleinen Entdeckungen jemals so viel Vergnügen gemacht wie die Einsicht in die Bedeutung der heterostylen Blüten. Die Resultate einer Kreuzung derartiger Blüten in einer illegitimen Weise halte ich für sehr wichtig, da sie auch Bezug haben auf die Frage von der Unfruchtbarkeit der Hybriden; allerdings sind diese Resultate nur von einigen wenigen Personen beachtet worden.

Im Jahre 1879 ließ ich eine Übersetzung von Dr. Ernst Krauses ›Leben von Erasmus Darwin‹ erscheinen und fügte ihr eine Skizze seines Charakters und seiner Lebensweise nach in meinem Besitze befindlichen Material hinzu. Viele Leute haben sich sehr für dieses kleine Lebensbild interessiert, und ich bin überrascht, daß nur 800 oder 900 Exemplare davon verkauft worden sind. Da ich zufällig vergessen hatte, die Tatsache zu erwähnen, daß Dr. Krause seinen Artikel, bevor er [ins Englische] übersetzt worden war, im Deutschen erweitert und verbessert hatte, beschimpfte mich Mr. Samuel Butler in fast unsinniger Wut. Ich habe niemals verstehen können, wodurch ich ihn eigentlich so tief beleidigt hatte. Dieser Zwischenfall zog eine gewisse Polemik in der Zeitung ›Athenaeum‹ und in der ›Nature‹ nach sich. Ich stellte alle Dokumente einigen gewissenhaften Richtern, und zwar Huxley, Leslie Stephen, Litchfield und anderen, zur Verfügung, und alle bekannten einmütig, daß der Angriff von Butler jeglicher Grundlage entbehre und keine öffentliche Antwort verdiene; denn ich hatte ja bereits Mr. Butler gegenüber privat mein Bedauern über mein unbeabsichtigtes Versäumnis ausgedrückt. Als Trost zitierte mir Huxley einige deutsche Verse von Goethe, die dieser geschrieben hatte, als er von jemandem angegriffen worden war, und die besagten, »daß jeder Wal seine Laus hat«.

Im Jahre 1880 veröffentlichte ich mit Unterstützung [meines Sohnes] Franks [Francis] unser Buch ›Das Bewegungsvermögen der Pflanzen‹. Das war ein zähes Stück Arbeit. Das Buch steht ungefähr in der gleichen Beziehung zu meinem kleinen Buch über ›Kletternde Pflanzen‹, in der die ›Kreuzbefruchtung‹ zu der ›Befruchtung der Orchideen‹ stand; denn in Übereinstimmung mit dem Grundsatz der Evolution war es unmöglich, die Entwicklung kletternder Pflanzen in so vielen ganz verschiedenen Pflanzengruppen zu erklären, wenn nicht alle Arten von Pflanzen irgendein geringes Bewegungsvermögen einer analogen Form besitzen. Ich wies nach, daß dies der Fall sei, und wurde außerdem noch zu einer ziemlich weiten Verallgemeinerung geführt, daß nämlich die großen und bedeutungsvollen Klassen von Bewegungen, die durch das Licht, die Anziehung der Schwerkraft usw. hervorgerufen werden, sämtlich modifizierte Formen der fundamentalen Bewegung der Circumnutation [kreisförmige Drehung] sind. Es hat mir immer Freude bereitet, die Pflanzen in der Stufenleiter organisierter Wesen zu erhöhen; ich empfand daher ein besonderes Vergnügen, als ich zeigen konnte, wie viele und wie wunderbar angepaßte Bewegungen die Spitze einer Wurzel besitzt.

Ich habe jetzt (1. Mai 1881) das Manuskript eines kleinen Buches über ›Die Bildung der Ackererde durch die Tätigkeit der Würmer‹ in die Druckerei geschickt. Es ist dies ein Thema von nur geringer Bedeutung, und ich weiß nicht, ob es irgendwelche Leser interessieren wird; es hat mich aber interessiert. Das Buch ist die Vervollständigung eines kurzen Vortrages, den ich vor mehr als vierzig Jahren vor der Geologischen Gesellschaft gehalten habe, und hat alte geologische Gedanken in mir wieder geweckt.

[Ende des Einschubs.]

Ich habe nun sämtliche Bücher erwähnt, die ich veröffentlicht habe; sie sind die Meilensteine in meinem Leben gewesen, so daß nun nur wenig noch zu sagen übrigbleibt. Ich bin mir nicht bewußt, daß in meinem geistigen Zustand während der letzten dreißig Jahre irgendeine Veränderung eingetreten wäre, ausgenommen in einem Punkt, den ich sofort erwähnen werde; in der Tat hätte außer einer allgemeinen Verschlechterung auch keinerlei Änderung erwartet werden können. Mein Vater hat aber bis zu seinem dreiundachtzigsten Jahre seinen Geist so lebendig wie er nur je und alle seine Fähigkeit ungeschwächt besessen, und ich hoffe zu sterben, ehe meine Geisteskraft merklich abnimmt. Ich glaube, ich bin etwas geschickter darin geworden, die richtigen Erklärungen zu erraten und mir die experimentel-

Darwins Arbeitszimmer in Down House

len Beweise auszudenken; dies dürfte aber wahrscheinlich das
Resultat bloßer Übung und eines größeren Schatzes von Kenntnissen sein. Ich habe noch immer ebenso viel Schwierigkeit wie
jemals, mich klar und prägnant auszudrücken, und diese
Schwierigkeit hat mir einen bedeutenden Zeitverlust einge-
bracht; sie hatte aber den kompensierenden Vorteil, mich dazu
zu zwingen, lange und intensiv über jeden Satz nachzudenken,
und auf diese Weise bin ich dazu gelangt, in meinen eigenen
Folgerungen und Beobachtungen wie in denen anderer die Irr-
tümer zu erkennen.

Eine Art Schicksal scheint meinen Geist dahin zu bringen,
daß ich eine Angabe oder Behauptung zuerst in einer unrechten
oder ungeschickten Form vorbringe. Früher pflegte ich über
meine Sätze nachzudenken, ehe ich sie niederschrieb; seit mehreren Jahren aber habe ich bemerkt, daß es Zeit erspart, in
flüchtiger Schrift, die Hälfte der Worte abkürzend, ganze Seiten
so schnell wie möglich niederzuschreiben und dann mit Überlegung [das Niedergeschriebene] zu korrigieren. Solche flüchtig
hingeworfenen Sätze sind häufig besser, als ich sie mit ruhiger
Überlegung hätte schreiben können.

Nachdem ich nun so viel über meine Art und Weise zu schreiben gesprochen habe, will ich noch hinzufügen, daß ich bei meinen größeren Büchern ziemlich viel Zeit für die allgemeine Anordnung des Gegenstandes zugebracht habe. Ich mache zuerst den allerrohesten Umriß auf zwei oder drei Seiten und dann einen ausführlicheren auf mehreren Seiten, wobei einige wenige Wörter oder ein einziges Wort für eine ganze Erörterung oder eine Reihe von Tatsachen stehen. Ein jedes dieser Stichwörter wird wiederum ausgeführt und oft geändert, ehe ich in extenso zu schreiben beginne. Da ich in mehreren meiner Bücher von Beobachtungen anderer Leute einen sehr ausgedehnten Gebrauch gemacht und immer mehrere völlig voneinander verschiedene Themen zur selben Zeit behandelt habe, will ich noch erwähnen, daß ich dreißig bis vierzig große in Schränken mit etikettierten Fächern stehende Mappen habe, in denen ich sofort einen einzelnen Hinweis oder eine Anmerkung unterbringen kann. Ich habe mir viele Bücher gekauft, und an deren Ende lege ich mir ein Register aller der darin enthaltenen Tatsachen an, die meine Arbeit betreffen; oder wenn das Buch nicht mein eigen ist, so mache ich mir einen besonderen Auszug daraus, und von derartigen Auszügen habe ich eine große Schublade voll. Ehe ich über einen Gegenstand zu arbeiten beginne, sehe ich sämtliche kurzen Register durch und stelle mir ein allgemeines und klassifiziertes Register zusammen, und wenn ich dann eine oder mehrere einschlägige Mappen zur Hand nehme, habe ich alle während meines Lebens gesammelten Informationen zum Gebrauch bereit.

Ich habe erwähnt, daß sich meine geistige Haltung während der letzten zwanzig oder dreißig Jahre in einer Beziehung geändert hat. Bis zum Alter von dreißig Jahren oder noch darüber hinaus bereitete mir Poesie der verschiedensten Art, etwa die Werke von Milton, Gray, Byron, Wordsworth, Coleridge und Shelley, großes Vergnügen, und schon als Schüler erfreute ich mich in hohem Maße an Shakespeare, besonders an seinen historischen Stücken. Ich habe auch angeführt, daß mir früher Gemälde ein beträchtliches und Musik sehr großes Entzücken bereiteten. Jetzt kann ich es schon seit vielen Jahren nicht mehr ertragen, eine Zeile Poesie zu lesen: Ich habe vor kurzem wieder versucht, Shakespeare zu lesen; ich fand ihn aber so unerträglich langweilig, daß mir übel wurde. Ich habe auch meine Vorliebe für Gemälde und Musik beinahe verloren. – Musik veranlaßt mich meistens, zu energisch an das zu denken, woran ich gerade arbeite, als daß sie mir Vergnügen bereitete. Ich habe noch etwas Geschmack an schönen Landschaften behalten, sie verursachen mir aber nicht mehr das ausgesuchte Entzücken, wie es früher der Fall war. Auf der anderen Seite sind Romane, die das Werk der Einbildungskraft sind, auch wenn sie nicht allerersten Ranges sind, schon seit Jahren eine wunderbare Erholung und Freude für mich, und ich segne oft alle Romanschreiber. Eine erstaunlich große Zahl ist mir laut vorgelesen worden, und ich habe sie, wenn sie mittelmäßig gut sind und nicht unglücklich enden – wogegen ein Gesetz erlassen werden sollte –, sämtlich gern. Ein Roman gehört für meinen Geschmack nicht zur ersten Klasse, wenn er nicht irgendeine Person enthält, die man richtig lieben kann; ist dies eine hübsche Frau, um so besser.

Dieser merkwürdige und beklagenswerte Verlust des höheren ästhetischen Empfindens ist um so eigentümlicher, als Bücher über Geschichte, Biographien und Reisebeschreibungen (ganz unabhängig von irgendwelchen wissenschaftlichen Tatsachen, die sie enthalten mögen) sowie Essays über Themen aller Art mich noch ebenso lebhaft wie je interessieren. Mein Geist scheint eine Art Maschine geworden zu sein, die allgemeine Gesetze aus großen Sammlungen von Tatsachen herausmahlt, doch warum dies die Atrophie desjenigen Teils meines Gehirns verursacht haben könnte, von dem die höheren Geschmacksempfindungen abhängen, kann ich nicht verstehen. Ein Mensch mit einem Geist, der höher organisiert und besser veranlagt wäre als meiner, würde, wie ich vermute, dies nicht erfahren haben; und wenn ich mein Leben noch einmal zu leben hätte, so würde ich es mir zur Regel machen, wenigstens jede Woche einmal etwas Poetisches zu lesen und etwas Musik anzuhören; denn vielleicht würden dann die jetzt atrophierten Teile meines Gehirns durch Gebrauch tätig erhalten worden sein. Der Verlust dieser Geschmacksempfindungen ist ein Verlust an Glück und dürfte möglicherweise nachteilig für den Intellekt, noch wahrscheinlicher für den moralischen Charakter sein, da er den emotionalen Teil unserer Natur schwächt.

Meine Bücher haben sich in England sehr gut verkauft, sind in viele Sprachen übersetzt worden und sind auch in fremden Ländern in mehreren Auflagen erschienen. Ich habe sagen hören, daß der Erfolg eines Buches im Ausland der beste Beweis für seinen dauernden Wert sei. Ich bezweifle, ob dies völlig zutrifft; aber nach diesem Maßstab beurteilt, sollte mein Name einige wenige Jahre nicht vergessen werden. Es dürfte daher wohl der Mühe wert sein zu versuchen, die geistigen Eigenschaften und die Bedingungen, von denen mein Erfolg abhing, zu analysieren, obgleich ich mir wohl bewußt bin, daß dies niemand korrekt tun kann.

Ich besitze keine rasche Auffassungsgabe oder Schlagfertigkeit, die bei einigen klugen Männern so bemerkenswert ist, wie zum Beispiel bei Huxley. Ich bin daher ein armseliger Kritiker; eine Abhandlung oder ein Buch erregt meistens, wenn ich es zum ersten Male lese, meine Bewunderung, und erst nach beträchtlicher Überlegung bemerke ich die schwachen Seiten. Meine Fähigkeit, einem langen und rein abstrakten Gedankengang zu folgen, ist sehr begrenzt; daher war ich auch in der Metaphysik oder Mathematik nie recht erfolgreich. Mein Gedächtnis ist umfangreich, aber unklar; es reicht aus, mich vorsichtig zu machen, weil es mir in einer unbestimmten Weise sagt, daß ich etwas beobachtet oder gelesen habe, was der Folgerung, die zu ziehen ich im Begriffe bin, entgegensteht oder sie bestätigt, und nach einiger Zeit kann ich mich meist erinnern, wo ich nach meiner Quelle zu suchen habe. In einer Beziehung ist mein Gedächtnis so schwach, daß ich niemals imstande gewesen bin, mich länger als einige wenige Tage eines einzelnen Datums oder einer Verszeile zu erinnern.

Einige meiner Kritiker haben gesagt: »Oh, er ist ein guter Beobachter, aber er besitzt nicht die Fähigkeit, Schlüsse zu ziehen.« Ich glaube nicht, daß dies richtig sein kann, denn die ›Entstehung der Arten‹ ist von Anfang bis Ende nur eine lange Beweisführung, und sie hat nicht wenige tüchtige Männer überzeugt. Es hätte sie niemand schreiben können, der nicht über ein gewisses Maß an logischem Denken verfügt. Ich habe eine gehörige Portion Erfindungsgabe und gesunden Menschenverstand oder Urteilsvermögen, so viel, wie jeder erfolgreiche Anwalt oder Arzt besitzen muß, aber, wie ich glaube, in keinem höheren Maße.

Was die günstigere Seite der Waage betrifft, so meine ich, daß ich den gewöhnlichen Menschen darin überlegen bin, daß ich Dinge, die der Aufmerksamkeit leicht entgehen, bemerke und sorgfältig beobachte. Mein Fleiß im Beobachten und im Sammeln von Tatsachen ist so groß gewesen, wie er nur hat sein können. Was aber von weit größerer Bedeutung ist, meine Liebe zur Naturwissenschaft ist beständig und leidenschaftlich gewesen. Diese reine Liebe ist indessen bedeutend durch den Ehrgeiz unterstützt worden, von meinen naturwissenschaftlichen Kollegen geschätzt zu werden. Von meiner frühen Jugend an habe ich das stärkste Verlangen danach gehabt, das, was ich nur immer beobachtete, zu verstehen oder zu erklären, das heißt alle Tatsachen unter irgendwelche allgemeinen Gesetze unterzuordnen. Diese Eigenschaften zusammengenommen haben mir die Geduld gegeben, für jede beliebige Zahl von Jahren über irgendwelche unerklärten Probleme nachzudenken und zu grübeln. Soweit ich es beurteilen kann, folge ich nicht leicht und blind der Führung anderer Menschen. Ich war ständig bestrebt, meinen Geist frei zu erhalten, um jede Hypothese, sosehr ich sie auch geliebt haben mochte (und ich kann dem Drange nicht widerstehen, mir über alle Gegenstände eine solche zu bilden), aufzugeben, sobald nachgewiesen werden kann, daß ihr Tatsachen widersprechen. Ich hatte allerdings keine andere Wahl, als so zu handeln, denn, mit Ausnahme der Korallenriffe, kann ich mich keiner zuerst aufgestellten Hypothese erinnern, die nicht nach einiger Zeit hätte aufgegeben oder erheblich modifiziert werden müssen. Dies hat mich natürlich veranlaßt, dem deduktiven Denkverfahren in den angewandten Wissenschaften stark zu mißtrauen. Andererseits bin ich nicht sehr skeptisch – eine Geistesverfassung, die, wie ich glaube, dem Fortschritt der Wissenschaft schädlich ist. Ein ordentliches Maß von Skeptizismus in einem Wissenschaftler ist ratsam, um viel Zeitverlust zu vermeiden; denn ich bin nicht wenig Leuten begegnet, die, wie ich sicher glaube, dadurch von Experimenten oder Beobachtungen zurückgehalten worden sind, die sich als direkt oder indirekt nützlich erwiesen haben würden.

Zur Illustration will ich den merkwürdigsten Fall erzählen, den ich erlebt habe. Ein Herr (der, wie ich später erfuhr, ein guter Botaniker ist) schrieb mir aus einer der östlichen Grafschaften, daß die Samen oder Bohnen der gemeinen Feldbohne in diesem Jahre überall an der falschen Seite der Schote gewachsen seien. Ich schrieb zurück und bat um weitere Informationen, da ich nicht verstand, was damit gemeint war; ich erhielt aber sehr lange Zeit keine Antwort. Ich las dann in zwei Zeitungen, von denen die eine in Kent, die andere in Yorkshire erscheint, die Meldung, daß es eine äußerst merkwürdige Tatsache sei, daß »die Bohnen in diesem Jahre alle an der falschen Seite gewachsen sind«. Ich glaubte nun, daß doch irgendein Grund für eine so allgemeine Angabe vorhanden sein müsse. Infolgedessen ging ich zu meinem Gärtner, einem alten Manne aus Kent, und fragte ihn, ob er irgend etwas davon gehört habe, und er antwortete mir: »O nein, Sir, das muß ein Irrtum sein, denn die Bohnen wachsen nur in Schaltjahren auf der falschen Seite, und jetzt haben wir ja kein Schaltjahr.« Ich fragte ihn dann, wie die Bohnen in gewöhnlichen Jahren wüchsen und wie in Schaltjahren, fand aber bald heraus, daß er absolut nichts davon wußte, wie sie zu irgendeiner Zeit wüchsen; er bestand jedoch fest auf seinem Glauben.

Nach einiger Zeit hörte ich wieder von meinem ersten Korrespondenten, der mir unter vielen Entschuldigungen mitteilte, daß er nicht an mich geschrieben haben würde, wenn er die Mitteilung nicht von mehreren intelligenten Farmern erhalten hätte, daß er aber seit der Zeit wiederum mit jedem einzelnen von ihnen gesprochen habe und daß auch nicht einer wisse, was er selbst gemeint habe. Es hatte sich daher hier ein Glaube – freilich nur, wenn eine Angabe ohne eine bestimmte sich damit verbindende Idee ein Glaube genannt werden kann – beinahe über ganz England verbreitet, ohne daß ihm auch nur die Spur eines Beweises zugrunde lag. Ich habe im Laufe meines Lebens nur drei absichtlich falsche Aussagen kennengelernt, und eine davon dürfte ein schlechter Witz gewesen sein (und davon hat es mehrere in der Wissenschaft gegeben), der allerdings von einer amerikanischen Zeitschrift für Landwirtschaft aufgenommen wurde. Sie bezog sich auf eine in Holland durch die Kreuzung verschiedener Arten von *Bos* (von einigen wußte ich zufällig, daß sie miteinander unfruchtbar sind) erzielte neue Rasse von Ochsen; der Verfasser hatte die Unverschämtheit, anzuführen, daß er mit mir darüber korrespondiert habe und daß die Bedeutung seiner Resultate einen tiefen Eindruck auf mich gemacht habe. Der Herausgeber einer englischen landwirtschaftlichen Zeitschrift schickte mir den Artikel zu mit der Bitte um meine Meinung, ehe er ihn abdruckte.

Ein zweiter Fall war ein Bericht über mehrere Varietäten, die der Verfasser aus mehreren Arten von Primula gezüchtet haben wollte und die spontan die volle Menge von Samen ergeben hätten, obgleich die elterlichen Pflanzen sorgfältig vor dem Zutritt von Insekten geschützt worden seien. Dieser Bericht wurde publiziert, ehe ich die Bedeutung des Heterostylismus entdeckt hatte; die ganze Geschichte muß entweder ein Betrug oder die Nachlässigkeit beim Ausschließen der Insekten so grob gewesen sein, daß sie kaum glaubhaft war.

Der dritte Fall war merkwürdiger: Mr. Huth veröffentlichte

in seinem Buch über ›Blutsverwandte Heiraten‹ einige Auszüge aus der Arbeit eines belgischen Autors, der behauptet hatte, daß er Kaninchen durch Inzucht im allerengsten Grade über sehr viele Generationen hinweg gezüchtet habe, ohne die geringsten nachteiligen Wirkungen zu bemerken. Der Bericht wurde in einer höchst angesehenen Zeitschrift, der der Königlichen Medizinischen Gesellschaft von Belgien, publiziert; ich konnte mir aber nicht helfen, ich zweifelte. Ich wußte kaum warum, vielleicht nur deshalb, weil in diesem Artikel kein einziger Mißerfolg angeführt wurde, und aufgrund meiner Erfahrungen beim Züchten von Tieren hielt ich dies für sehr unwahrscheinlich.

Nach vielem Zögern schrieb ich dann an Professor van Beneden und fragte ihn, ob der Autor ein zuverlässiger Mann sei. Als Antwort hörte ich sehr bald, die Gesellschaft sei sehr bestürzt über die Entdeckung, daß die ganze Beschreibung ein Betrug war. In der Zeitschrift war der Verfasser öffentlich aufgefordert worden, mitzuteilen, wo er gewohnt und wo er während der Durchführung seiner Experimente, die mehrere Jahre in Anspruch genommen haben mußten, seine großen Mengen von Kaninchen gehalten habe; es war aber keine Antwort von ihm herauszubringen. Ich habe dem armen Mr. Huth mitgeteilt, daß der Artikel, der den Grundstein seiner Beweise bildete, aus gefälschtem Material bestand, und er ließ in höchst ehrenwerter Weise unverzüglich Streifen mit entsprechendem Inhalt drucken, die allen noch nicht verkauften Exemplaren seines Buches beigefügt wurden.

Meine Gewohnheiten sind methodisch, und dies ist bei der speziellen Ausrichtung meiner Tätigkeit von keinem geringen Nutzen für mich gewesen. Schließlich habe ich reichlich freie Zeit gehabt, weil ich nicht genötigt war, mir meinen Lebensunterhalt zu verdienen. Selbst meine schlechte Gesundheit hat mich, obgleich sie mir mehrere Jahre meines Lebens geraubt hat, vor den Zerstreuungen der Geselligkeit und der Vergnügungen bewahrt.

Daher ist mein Erfolg als der eines Mannes der Wissenschaft, wie gering oder groß derselbe auch gewesen sein mag, soweit ich es beurteilen kann, durch komplizierte und verschiedenartige geistige Eigenschaften und Bedingungen bestimmt worden. Von diesen sind die bedeutungsvollsten gewesen: Liebe zur Wissenschaft – uneingeschränkte Geduld, lange Zeit über irgendeinen Gegenstand nachzudenken – Fleiß beim Beobachten und Sammeln von Tatsachen – und ein ordentliches Maß von

Erfindungsgabe wie auch von gesundem Menschenverstand. Bei so mäßigen Fähigkeiten, wie ich sie besitze, ist es wahrhaft überraschend, daß ich die Meinungen von Wissenschaftlern über einige wichtige Fragen in beträchtlichem Maße beeinflußt habe.

3. August 1876.

Diese Skizze meines Lebens habe ich ungefähr am 28. Mai in Hopedene[32] begonnen, und seitdem habe ich fast jeden Nachmittag ungefähr eine Stunde daran geschrieben.

[32] Das Haus von Hensleigh Wedgwood in Surrey.

An William Darwin Fox

[Cambridge] Donnerstag [März 1830]

Mein lieber Fox,

Ich habe mein Vorexamen bestanden!!! Ich bin zu sehr erhoben, um mich dadurch zu erniedrigen, daß ich mich entschuldige, weil ich nicht früher geschrieben habe. Aber ich versichere Dir, bevor ich hineinging und als meine Nerven in einem zerrütteten und schwachen Zustand waren, da stieg Deine gekränkte Person oft vor meine Augen und warf mir meine Faulheit vor. Doch ich bin durch, durch, durch! Ich könnte den ganzen Bogen mit diesem köstlichen Wort vollschreiben. Ich bin gestern drangekommen und habe soeben die erfreuliche Kunde vernommen. Erst in einer Woche werde ich erfahren, in welcher Gruppe ich bin. Das ganze Examen wird nach einem anderen Verfahren abgehalten. Es hat einen großen Vorteil – es ist in einem Tag überstanden. Sie sind ziemlich streng und stellen eine erstaunliche Menge Fragen.

Und jetzt möchte ich etwas über Deine Pläne erfahren; natürlich hast Du die Absicht, herzukommen: wieviel Spaß werden wir zusammen haben; was für Käfer werden wir fangen; es wird meinem Herzen wohltun, wieder einmal gemeinsam einige unserer alten Lieblingsreviere aufzusuchen. Ich habe zwei sehr verheißungsvolle Entomologieschüler, und wir wollen regelmäßig Feldzüge ins Moorland unternehmen. Der Himmel schütze die Käfer und Mr. Jenyns, denn wir wollen ihm nicht ein Paar im ganzen Land übriglassen. Mein neuer Insektenschrank ist gekommen, und ein hübsches kleines Möbel ist er . . .

An William Darwin Fox

[August 1830]

. . . Ich wollte Dir in den letzten vierzehn Tagen stündlich schreiben, aber hatte *wirklich* keine Zeit. Ich habe Shrewsbury heute vor vierzehn Tagen verlassen, und seitdem bin ich von morgens bis abends damit beschäftigt, Fische oder Käfer zu

fangen. Dies ist buchstäblich der erste faule Tag, den ich für
mich habe; denn an den regnerischen Tagen gehe ich zum Angeln, an den schönen zum Entomologisieren ...

An John Steven Henslow

London, Montag [5. September 1831]
Verehrter Herr,
Gloria in excelsis ist der maßvollste Anfang, der mir einfällt. Die
Dinge entwickeln sich besser, als ich es für möglich gehalten
hätte. Kapitän Fitz-Roy ist reizend in jeder Hinsicht. Wenn ich
ihn nur halb soviel rühmen wollte, wie ich es gern täte, so
würden Sie es für verrückt halten, da ich ihn ja nur einmal
gesehen habe. Ich glaube, er will mich wirklich bei sich haben.
Er bietet mir an, die Mahlzeiten mit ihm einzunehmen, und er
will dafür sorgen, daß ich soviel Platz wie möglich bekomme.
Was die Kisten angeht, so meint er, ich müsse mich beschrän-
ken; er hat allerdings von ihrer Größe die Vorstellung eines
Seemanns. Kapitän Beaufort sagt, ich erhalte freie Verpflegung,
und so kostet es mich nur soviel wie die anderen Offiziere. Das
Schiff läuft am 10. Oktober aus. Es bleibt eine Woche bei den
Madeira-Inseln; und dann nach Rio de Janeiro. Alle halten es
für höchstwahrscheinlich, daß die Heimreise über den indi-
schen Archipel erfolgt ...
Kapitän Fitz-Roy hat einen guten Vorrat an Büchern, von
denen viele auf meiner Liste standen, und an Gewehren etc., so
daß die Ausstattung viel weniger kostspielig sein wird, als ich
vermutet habe.
Das Schiff wird drei Jahre unterwegs sein. Ich habe nichts
dagegen einzuwenden, da es mein Vater auch nicht tut. Am
Mittwoch habe ich eine weitere Besprechung mit Kapitän
Beaufort, und am Sonntag fahre ich sehr wahrscheinlich mit
Kapitän Fitz-Roy nach Plymouth. Ich hoffe also, daß Sie sich
weiterhin Gedanken über die Sache machen und sich notieren,
was Ihnen einfällt ... Sie können sich nichts Angenehmeres,
Freundlicheres und Offeneres vorstellen als Kapitän Fitz-Roys
Verhalten mir gegenüber. Ich bin überzeugt, daß es mein Fehler
ist, wenn wir nicht miteinander auskommen.
Was für Veränderungen habe ich erlebt! Bis heute um eins
habe ich noch Luftschlösser gebaut und von Fuchsjagden in

Shropshire geträumt, jetzt träume ich von Lamajagden in Südamerika.

Es gibt doch tatsächlich Gezeiten in den Geschicken der
Menschen ...

An William Darwin Fox

Botofogo-Bucht bei Rio de Janeiro, Mai 1832
Mein lieber Fox,
Dir und all meinen anderen Freunden zu schreiben, habe ich
verschoben, bis ich hier angekommen bin und etwas freie Zeit
finde. Mein Geist durchlebt seit der Abreise aus England einen
wahren *Orkan* des Entzückens und Staunens, und bis zu dieser
Stunde habe ich kaum eine Minute untätig verbracht ...
In São Tiago [Kapverden] begannen meine überaus köstlichen
naturgeschichtlichen Arbeiten. In den drei Wochen habe ich
eine Vielzahl von Meerestieren gesammelt und manche herrliche geologische Wanderung genossen. Nachdem wir einige Inseln angelaufen hatten, segelten wir nach Bahia und von dort
nach Rio, wo ich jetzt schon einige Wochen bin. Meine Sammlungen machen auf fast allen Gebieten wunderbare Fortschritte.
Was die Insekten angeht, so glaube ich eine Menge unbeschrie-
bener Arten nach England schicken zu können ... Spinnen und
die ihnen nahestehenden Gruppen machen mir wegen ihrer
Neuheit vielleicht das größte Vergnügen. Ich glaube, ich habe
bereits mehrere neue Gattungen erbeutet.
Doch den Sieg trägt die Geologie davon: Sie gleicht dem
Vergnügen des Glücksspiels. Wenn ich beim Eintreffen mutma-
ße, welche Gesteine ich vor mir habe, dann rufe ich oft im
Geiste aus: 3 zu 1 für Tertiär gegen Urgestein; doch das letztere
hat bisher alle Wetten gewonnen. Soviel zum großartigen
Zweck meiner Reise; auch sonst läßt sich alles vortrefflich an.
Auf See ist mein Leben so ruhig, daß für jemanden, der sich zu
beschäftigen weiß, nichts angenehmer sein kann; die Schönheit
des Himmels und das Leuchten des Ozeans ergeben zusammen
ein einmaliges Bild. Doch wenn ich an Land bin und in den
erhabenen Wäldern umherwandere, umgeben von prachtvolle-
ren Ansichten, als sie sich selbst Claude [Lorrain] jemals vorge-
stellt hat, dann überkommt mich ein Entzücken, das nur jene
verstehen können, die es erlebt haben. Will man es begreifen,
dann nur durch das Studium Humboldts. Bei unseren gemein-

samen gemütlichen Frühstücken in Cambridge habe ich schwerlich daran gedacht, daß uns der weite Atlantik jemals trennen würde; doch es ist ein seltenes Privileg, daß mit dem Körper die Gefühle und die Erinnerung nicht getrennt werden. Im Gegenteil, die erfreulichsten Szenen meines Lebens, von denen viele zu Cambridge gehören, steigen durch den Kontrast zur Gegenwart um so lebhafter in meiner Phantasie auf. Glaubst Du, daß mir irgendein Brillantkäfer jemals soviel Freude machen wird wie unser alter Freund crux-major? ...

Wenn Du an einem schönen Maitag (jämmerlich kalt, wie ich nicht bezweifle) Insekten von einer Weißdornhecke abliest, dann stell Dir vor, wie ich inmitten von Ananas und Orangenbäumen sammle; während Du Dir die Finger mit schmutzigen Brombeeren besudelst, dann denke voller Neid an reife Orangen. Das ist eine gehörige Portion Angeberei, denn ich würde gerne viele Meilen weit durch Hagel, Schnee oder Regen laufen, um Dir die Hand zu schütteln. Gott segne Dich, mein lieber alter Fox.

Herzlichst
Dein Chas. Darwin

An seine Schwester Catherine

Maldonado, Rio Plata, 22. Mai 1833
... Was für ein Ruhmesblatt wird es für England sein, wenn es als erste europäische Nation sie [die Sklaverei] endgültig abschafft![1] Ehe ich England verließ, hat man mir erzählt, daß sich alle meine Ansichten ändern würden, wenn ich in Sklavenländern gelebt hätte; die einzige Änderung, die mir bewußt ist, besteht darin, daß ich mir eine viel höhere Meinung vom Charakter der Neger gebildet habe. Es ist unmöglich, einen Neger zu sehen und ihm nicht freundlich gesinnt zu sein; solche heiteren, offenen, ehrlichen Gesichter und solche schönen, muskulösen Körper ...

[1] Die Sklaverei wurde in England 1833 aufgehoben; Frankreich folgte 1848, Portugal 1858, Holland 1863.

An John Maurice Herbert

Maldonado, Rio Plata, 2. Juni 1833
... Es tut einem im Herzen wohl zu hören, wie es in England weitergeht. Ein Hurra den redlichen Whigs! Ich vermute, daß sie bald jenen häßlichen Schandfleck auf unserer vielgerühmten Freiheit, die Sklaverei in den Kolonien, auslöschen werden.[2] Ich habe von der Sklaverei und von den Wesenszügen der Neger genug gesehen, um mich gründlich zu ekeln vor den Lügen und dem Unsinn, den man in England über dieses Thema hört ...

An John Steven Henslow

Shrewsbury, Donnerstag, 6. Oktober [1836]
Mein lieber Henslow,
Sie werden mich gewiß beglückwünschen zu dem Entzücken, wieder daheim zu sein. Die »Beagle« ist am Sonntagabend in Falmouth eingetroffen, und ich bin gestern morgen in Shrewsbury angekommen. Ich brenne darauf, Sie zu sehen, und da ich in vier oder fünf Tagen nach London zurückkehren muß, um meine Sachen und Habseligkeiten von der »Beagle« abzuholen, scheint es mir das beste zu sein, über Cambridge zu fahren. Ich brauche Ihren Rat in vielen Punkten; ich schwebe förmlich in den Wolken und weiß nicht, was ich tun und wohin ich gehen soll. Meine größte Verlegenheit bezieht sich auf die geologischen Proben – wer ist wohl so gütig, mir bei der Beschreibung ihrer mineralogischen Beschaffenheit zu helfen? Wollen Sie so freundlich sein, mir *umgehend* eine Zeile zu schreiben und mir zu sagen, ob Sie jetzt in Cambridge sind. Ich bin noch im Ungewissen, bis ich von Kapitän Fitz-Roy höre, ob ich nicht aufbrechen muß, bevor die Antwort eintreffen kann, aber bitte versuchen Sie es. Mein lieber Henslow, ich sehne mich danach, Sie wiederzusehen; Sie sind mir der liebenswürdigste Freund gewesen, den ein Mensch je besessen hat. Ich kann nicht mehr schreiben, denn mir ist schwindlig vor Freude und Verwirrung.
Leben Sie einstweilen wohl,
Ihr dankbar ergebener
Charles Darwin

[2] Ab 1838 wurde die Sklaverei in den englischen Kolonien abgeschafft. – Seit 1830 regierte das Whig-Kabinett Grey. Es kämpfte die Reformpläne von Lord Russell gegen Tories und Oberhaus durch.

An Charles Lyell

                36, Great Marlborough Street, 9. August [1838]
Mein lieber Lyell,
Ich habe Ihnen nicht nach Norwich geschrieben, denn ich dachte, ich würde mehr zu sagen haben, wenn ich noch ein paar Tage wartete. Vielen herzlichen Dank für Ihre ›Elements [of Geology]‹, die ich (und ich glaube, es war das *allererste* Exemplar, das versandt wurde) zusammen mit Ihrem Briefchen erhalten habe. Ich habe sie Wort für Wort gelesen und bin voller Bewunderung, und da ich derzeit mit keinem Geologen zusammenkomme, muß ich mit Ihnen darüber reden. Es macht keinen Spaß, ein Buch zu lesen, wenn man nicht ein gutes Gespräch darüber führen kann; ich wiederhole, ich bin voller Bewunderung für das Buch, es ist so klar wie das Sonnenlicht, und bei vielen Stellen befiel mich in der Tat ein gewisses Entsetzen bei dem Gedanken, wie die Geologen sich abgemüht und angestrengt haben, um das zu beweisen, was in Ihrer Darstellung so offenkundig erscheint . . .
Ich lebe sehr still und deshalb angenehm und krieche langsam, aber stetig bei meiner Arbeit voran. Ich bin zu einer Schlußfolgerung gekommen, die für Sie sicherlich ein Beweis dafür ist, daß ich ein sehr vernünftiger Mann bin, nämlich daß alles, was Sie sagen, sich als richtig herausstellt; und zum Beweis dessen habe ich mir Ihre Methode zu eigen gemacht, nur ungefähr zwei Stunden an einem Stück zu arbeiten. Dann gehe ich aus, erledige meine Besorgungen in den Straßen, kehre heim und setze mich wieder an die Arbeit, und auf diese Weise mache ich zwei getrennte Tage aus einem. Dieses neue Verfahren funktioniert vorzüglich; am Ende des zweiten Halbtages gehe ich und esse im Athenaeum [Club][3] wie ein Gentleman oder vielmehr wie ein Lord, und am ersten Abend, als ich im großen Gesellschaftszimmer ganz allein auf einem Sofa saß, kam ich mir sogar wie ein Herzog vor. Ich bin voller Bewunderung für den Athenaeum, man trifft dort so viele Leute, die man gerne sieht . . . Daß Sie mir Zugang zum Athenaeum verschafft haben, ist kein Mißgriff gewesen, und ich genieße ihn um so mehr, als ich vorher der festen Ansicht war, ich würde ihn verabscheuen . . .

---

[3] Athenaeum Club: Siehe die Anmerkung auf Seite 28.

»Das ist die Frage«[4]

Wenn ich *nicht* heirate REISEN?

Europa – Ja? Amerika????

Wenn ich reise, dann ausschließlich geologisch – Vereinigte Staaten – Mexiko.

Hängt ab von Gesundheit und Kraft und wie weit ich Zoologe werde. Wenn ich nicht reise – Arbeit an der Ausbreitung der Arten – Mikroskop – einfachste Formen des Lebens – Geologie –? Älteste Formationen?? Allerlei Experimente – physiologische Beobachtungen an niederen Tieren.

(B) Leben in London – denn wo sonst möglich – in kleinem Haus nahe Regent's Park – Pferde halten – sommerliche Exkursionen zum Sammeln von Belegen in einer bestimmten zoolog. Richtung – Spekulationen über geograph. Verbreitung und allgemeine geologische Arbeiten – Verwandtschaftsbeziehungen systematisieren und studieren.

Wenn ich heirate – beschränkte Mittel – Spüre die Pflicht, für Geld zu arbeiten. Leben in London, nichts als Gesellschaft, kein Land, keine Ausflüge, keine große zoolog. Sammlung, keine Bücher. – Lehrstuhl in Cambridge, entweder Geolog. oder Zoolog. – finde ich mich mit allen obigen Gegebenheiten ab – könnte ich mich zoologisch nicht so systematisch betätigen.

Aber besser, als auf dem Lande zu überwintern – doch wo? Besser sogar als ein Landhaus in der Nähe von London – ich könnte nicht träge in einem Landhaus wohnen und nichts tun – Könnte ich in London wie ein Gefangener leben? Wäre ich einigermaßen reich, würde ich in London leben, in einem ziemlich großen Haus, und zwar so wie (B) – aber könnte ich so handeln mit Kindern und in Armut –? Nein – Wo also in der Nähe von London auf dem Lande leben; besser; aber große Hindernisse für die Wissenschaft und Armut.

Dann Cambridge, besser, aber Fisch außerhalb des Wassers, da kein Professor und

[4] Diese schnell hingekritzelten Bleistiftnotizen des jungen Darwin zu der Frage, ob er heiraten solle oder nicht, entstanden höchstwahrscheinlich 1837 oder 1838, also kurz vor seiner Heirat mit Emma Wedgwood (29. Januar 1839). Die Übersetzung versucht den flüchtigen und bruchstückhaften Charakter der Aufzeichnungen wiederzugeben.

arm. Dann Lehrstuhl in Cambridge – und das Beste daraus machen – seine Pflicht als solche tun und in der Freizeit arbeiten – Mein Schicksal wird sein: Camb. Prof. oder armer Mann; Außenbezirke von London – irgendein kleiner Platz etc. – und arbeiten, so gut ich kann.

Die unmittelbare Beobachtung macht mir so viel mehr Vergnügen, daß ich nicht so verfahren kann wie Lyell, nämlich neue Informationen korrigieren und dem alten Bestand hinzufügen, und ich weiß nicht, welche Richtung ein Mann verfolgen kann, der in London angebunden ist. – Auf dem Lande – experimentieren und Beobachtungen an niederen Tieren – mehr Platz –

HEIRATEN

Kinder – (so es Gott gefällt) – ein beständiger Partner (Freund im Alter), der sich für einen interessiert, jemand, den man lieben und mit dem man spielen kann – besser jedenfalls als ein Hund – ein Heim, und jemand, der sich um das Haus kümmert – Annehmlichkeiten der Musik und weibliches Geplauder. Diese Dinge sind gut für die Gesundheit. Zwang, Verwandte zu besuchen und zu empfangen, *aber schrecklicher Zeitverlust.*

NICHT HEIRATEN

Keine Kinder (kein zweites Leben), niemand, der im Alter für einen sorgt. – Was für einen Sinn hat die Arbeit ohne die Anteilnahme von guten und lieben Freunden – die außer den Verwandten dem Alten gute und liebe Freunde sind.

Freiheit zu gehen, wohin man will – Auswahl der Gesellschaft *und wenig davon.* Unterhaltung mit klugen Männern in Clubs.

Kein Zwang, Verwandte zu besuchen und in jeder Klei-

Mein Gott, der Gedanke ist unerträglich, sein ganzes Leben, wie eine geschlechtslose Biene, mit Arbeit, Arbeit und nichts weiter zu verbringen. – nein, nein, das geht nicht. –

Man stelle sich vor, sein ganzes Leben einsam in einem verräucherten, schmutzigen Londoner Haus zuzubringen. – Male dir nur eine hübsche, sanfte Frau auf einem Sofa aus, bei einem guten Kaminfeuer, und Bücher und vielleicht Musik – vergleiche diese Zukunftsvision mit der schäbigen Wirklichkeit der Grt Marlboro' St.[5] Heirate – heirate – heirate.

nigkeit nachgeben zu müssen – Ausgaben und Sorgen für Kinder – vielleicht Streitereien.

Zeitverlust – kann abends nicht lesen – Verfettung und Trägheit – Sorgen und Verantwortung – weniger Geld für Bücher etc. – bei vielen Kindern gezwungen, sein Brot zu verdienen. – (Doch dann ist es sehr schlecht für die Gesundheit, zu viel zu arbeiten)

Vielleicht mag meine Frau London nicht; dann lautet das Urteil auf Verbannung und Degradierung zu trägen, faulen Narren –

Q. E. D.[6]

Da es sich als notwendig erwiesen hat zu heiraten – Wann? Bald oder später. Der alte Herr meint bald, denn sonst ist es schlecht, wenn man Kinder bekommt – der eigene Charakter ist flexibler – die Gefühle lebhafter, und falls man nicht bald heiratet, verpaßt man so viel schönes, reines Glück.

Doch was wäre, wenn ich morgen heiratete: es gäbe unendlich viele Mühen und Ausgaben bei der Beschaffung und Einrichtung eines Hauses – Streit wegen fehlender Geselligkeit – Höflichkeitsbesuche – Peinlichkeiten – alle Tage Zeitverlust – (es sei denn, die Frau wäre ein Engel und hielte einen zur Arbeit an) – Und wie sollte ich es schaffen, alle meine Aufgaben zu erfüllen, wenn ich verpflichtet wäre, jeden Tag mit meiner Frau einen Spaziergang zu machen. – Eheu!! Ich würde niemals Französisch lernen – oder den Kontinent besuchen – oder nach Amerika reisen, oder in einem Ballon aufsteigen, oder eine einsame Wanderung in Wales machen – armer Sklave, du wirst es schlechter haben als ein Neger – Und dann die entsetzliche

[5] Vom Frühjahr 1837 bis Ende 1838 wohnte Darwin in der Great Marlborough Street (Hausnummer 36).

[6] Quod erat demonstrandum – Was zu beweisen war.

123

Armut (es sei denn, die Frau wäre besser als ein Engel und hätte Geld) – Doch was soll's, mein Junge – Nur Mut – Man kann nicht so ein einsames Leben führen, hinfällig im Alter, ohne Freunde und kalt und kinderlos sich ins Gesicht starren, das bereits runzlig zu werden beginnt. Was soll's, vertraue dem Glück – halte scharf Ausschau. – Es gibt viele glückliche Sklaven –

Darwins Alltag in Down House (ab 1842), beschrieben von seinem Sohn Francis

Er stand zeitig auf, vor allem weil er nicht im Bett liegen konnte, und ich glaube, er wäre gerne noch früher aufgestanden. Vor dem Frühstück machte er einen kurzen Spaziergang, was er sich angewöhnt hatte, nachdem er zum erstenmal eine Wasserkur gemacht hatte. Diese Gewohnheit behielt er fast bis zu seinem Ende bei ...

Wenn er gegen 7.45 Uhr allein gefrühstückt hatte, machte er sich sofort an die Arbeit, weil er die anderthalb Stunden von acht bis halb zehn Uhr als seine beste Arbeitszeit betrachtete. Nach halb zehn kam er wegen der Post ins Wohnzimmer – erfreut, wenn der Posteingang klein war, und manchmal ziemlich verstimmt, wenn er es nicht war. Dann ließ er sich die Familienbriefe vorlesen, während er auf dem Sofa lag.

Das Vorlesen, das auch ein Stück aus einem Roman umfaßte, dauerte bis etwa halb elf Uhr, wenn er wieder zu seiner Arbeit zurückkehrte, bis um zwölf Uhr oder auch eine Viertelstunde länger. Um diese Zeit hielt er sein Tagewerk für beendet und sagte des öfteren voller Befriedigung: »Ich habe einen guten Tag Arbeit hinter mir.« Darauf ging er hinaus ins Freie, gleichgültig ob es draußen naß oder schön war; bei schönem Wetter begleitete ihn sein weißer Pinscher Polly ...

Der Mittagsspaziergang meines Vaters begann meist mit einem Besuch des Gewächshauses, wo er nach irgendwelchen keimenden Samen oder Versuchspflanzen sah, die hin und wieder überprüft werden mußten ... Dann setzte er seinen Gesundheitsspaziergang fort, entweder auf dem »Sandweg« oder jenseits des eigenen Grundstücks in der unmittelbaren Nähe des Hauses. Der »Sandweg« war ein schmaler Landstreifen von 1,5 Acre [ca. 6000 m²], um den ein Kiespfad herumführte. Auf der einen Seite befand sich ein breites altes Gehölz mit recht großen Eichen, wodurch sich ein schattiger Weg ergab; die andere Seite war von einer benachbarten Wiese durch eine niedrige Hecke getrennt, über die hinweg man die dahinterliegende Landschaft sehen konnte: ein stilles kleines Tal, das weiter hinten bis zum Fuße des Westerham-Hügels anstieg und bestanden war mit Haselnußsträuchern und Lärchen, den Überresten eines einst ausgedehnten Waldes, der sich bis zur Straße nach Westerham erstreckt hatte. Mein Vater hat mir einmal erklärt, der Reiz dieses schlichten kleinen Tales habe ihn unter anderem dazu bewogen, sich in Down niederzulassen ...

Nach dem Mittagessen las er, auf dem Sofa im Wohnzimmer ausgestreckt, seine Zeitung. Ich glaube, die Tageszeitung war das einzige nichtwissenschaftliche Druck-Erzeugnis, das er für sich allein las. Alles andere, Romane, Reiseberichte und Geschichtswerke, wurde ihm laut vorgelesen. Er interessierte sich sehr für alles, was in der Welt geschah, so daß er in den Zeitungen vieles fand, was ihn beschäftigte; er machte sich jedoch über den Wortreichtum der Parlamentsdebatten lustig, obwohl er sie, glaube ich, nur im Auszug las. Sein politisches Interesse war beträchtlich; er bildete sich allerdings seine Meinung in diesen Dingen eher beiläufig als nach ernsthaftem Nachdenken.

Wenn er seine Zeitung gelesen hatte, kam für ihn die Zeit, seine Korrespondenz zu erledigen. Seine Briefe, ebenso die Ma-

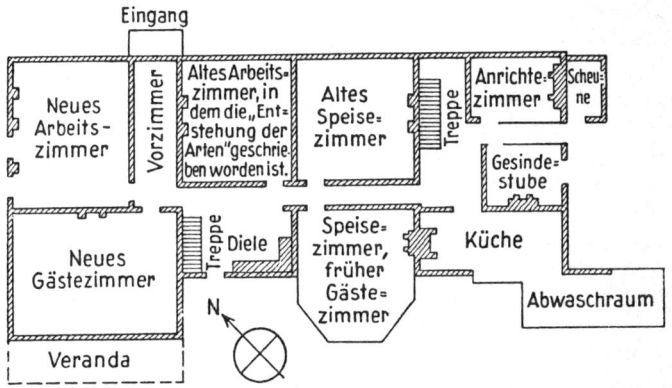

Down House. Plan des Erdgeschosses. Die Zimmer links (das neue Arbeitszimmer und das Gästezimmer) sind später (1877) angebaut worden

125

nuskripte seiner Bücher, schrieb er, während er in einem großen roßhaargepolsterten Stuhl am Kamin saß, wobei das Papier auf einem an der Armlehne angebrachten Brett lag. Wenn er viele oder lange Briefe zu schreiben hatte, diktierte er sie nach einem flüchtigen Entwurf; diese Entwürfe wurden auf die Rückseite von Manuskripten oder Fahnenabzügen geschrieben und waren fast unleserlich, manchmal sogar für ihn selber. Er hatte es sich zur Regel gemacht, *alle* Briefe aufzubewahren, die er erhielt; diese Angewohnheit hatte er von seinem Vater übernommen, und sie ist ihm, wie er sagte, von großem Nutzen gewesen . . .

Sobald die Korrespondenz erledigt war, ungefähr um drei Uhr nachmittags, ging er hinauf in sein Schlafzimmer, um sich auszuruhen. Er lag dabei auf dem Sofa, rauchte eine Zigarette und lauschte einem Roman oder einem anderen nichtwissenschaftlichen Buch, das ihm vorgelesen wurde. Er rauchte nur, wenn er sich ausruhte, während der Schnupftabak für ihn ein Reizmittel war, das er während der Arbeitszeit benutzte . . .

Beim Vorlesen schlief er häufig ein, und er beklagte sich dann, daß ihm Teile eines Romans entgangen seien, denn meine Mutter las ruhig weiter, damit er nicht durch eine Unterbrechung der Laute aufwachte. Um vier Uhr kam er herunter, um sich für seinen Spaziergang anzuziehen; dabei war er so pünktlich, daß man ganz sicher sein konnte, es sei vier Uhr oder ein paar Minuten früher oder später, wenn man seine Schritte auf der Treppe hörte.

Ungefähr von halb fünf bis halb sechs Uhr arbeitete er; dann kam er ins Wohnzimmer und blieb untätig, bis es Zeit war (etwa um sechs Uhr), zu einer weiteren Ruhepause mit Romanlesung und einer Zigarette wieder nach oben zu gehen . . .

Nach dem Abendessen spielte er mit meiner Mutter Backgammon, jeden Abend zwei Partien. Über viele Jahre hinweg wurde eine Liste der jeweils gewonnenen Partien geführt, für die er sich sehr interessierte. Beim Spiel wurde er ungewöhnlich lebhaft, beklagte sich bitterlich über sein Pech und zeigte sich scheinbar maßlos verärgert über das Glück, das meine Mutter hatte.

Nach dem Backgammonspiel las er für sich irgendein wissenschaftliches Buch, entweder im Wohnzimmer oder, wenn zuviel geredet wurde, in seinem Arbeitszimmer.

Des Abends, das heißt, wenn er so viel gelesen hatte, wie es seine Kräfte zuließen, und ehe das Vorlesen begann, lag er häufig auf dem Sofa und hörte zu, wenn meine Mutter Klavier spielte. Er hatte kein gutes Gehör, aber dennoch eine echte Liebe zu guter Musik ...

Abends wurde er sehr müde, vor allem in den letzten Jahren, und er verließ das Wohnzimmer gegen zehn Uhr, da er um halb elf zu Bett ging. Seine Nachtruhe war meistens schlecht, und er lag oft wach oder saß aufrecht im Bett, weil er viel kränkelte. Er wurde nachts durch seine lebhafte Gedankentätigkeit beunruhigt und erschöpfte sich dadurch, daß sich sein Geist mit irgendeinem Problem abquälte, das er gerne verdrängt hätte. Außerdem verfolgte ihn in der Nacht all das, was ihn tagsüber geärgert oder aufgeregt hatte, und ich glaube, daß es ihm dann schmerzlich nachging, den Brief irgendeiner törichten Person noch nicht beantwortet zu haben ...

Seine wissenschaftliche Lektüre war zum großen Teil deutsch geschrieben, was ihm sehr viel Mühe machte. Wenn ich ein Buch nach ihm las, habe ich an den Bleistiftstrichen, mit denen er jeden Tag markierte, wie weit er gekommen war, häufig erkennen können, wie wenig er auf einmal lesen konnte. Er nannte das Deutsche gern das »Verdammte« – mit englischer Aussprache. Er ärgerte sich vor allem deshalb über die Deutschen, weil er überzeugt war, daß sie einfach schreiben könnten, wenn sie nur wollten, und er lobte des öfteren Dr. F. Hildebrand, der ein Deutsch schreibe, das so klar wie das Französische sei. Manchmal legte er einer Freundin, einer patriotisch gesinnten deutschen Dame, einen deutschen Satz vor und lachte sie dann aus, wenn sie ihn nicht fließend übersetzen konnte. Er lernte deutsch nur dadurch, daß er ständig im Wörterbuch nachschlug; er meinte, das einzige Mittel, es zu verstehen, bestehe darin, einen Satz immer wieder zu lesen, bis ihm schließlich der Sinn aufginge. Als er vor langer Zeit mit dem Deutschen anfing, rühmte er sich dessen – wie er berichtete – gegenüber Sir J. Hooker, der ihm entgegnete: »Ach, mein lieber Freund, das ist gar nichts – ich habe es viele Male angefangen.«

An Joseph Dalton Hooker

[11. Januar 1844]
...Abgesehen von einem allgemeinen Interesse für die südlichen Länder, bin ich jetzt seit meiner Heimkehr unaufhörlich mit einem sehr verwegenen Werk beschäftigt, und ich kenne keinen einzigen Menschen, der es nicht ein sehr törichtes nennen wür-

de. Ich war so verblüfft über die Verbreitung der Galapagos-Organismen etc. etc. und über den Charakter der fossilen amerikanischen Säugetiere etc. etc., daß ich beschloß, blindlings alle möglichen Fakten zu sammeln, die sich in irgendeiner Weise auf die Frage beziehen könnten, was Arten sind. Ich lese haufenweise Bücher über Landwirtschaft und Gartenbau und habe niemals aufgehört, Fakten zusammenzutragen. Endlich zeigt sich ein Lichtschimmer, und ich bin beinahe überzeugt (ganz im Gegensatz zu der Auffassung, die ich anfänglich vertrat), daß Arten nicht (es ist wie das Eingeständnis eines Mordes) unveränderlich sind. Der Himmel bewahre mich vor dem Lamarckschen Unsinn einer »Tendenz zum Fortschritt«, der »Anpassungen kraft des langsam wirkenden Willens der Tiere« etc.! Doch die Schlußfolgerungen, zu denen ich gelangt bin, unterscheiden sich nicht sehr von den seinen, wohl aber die Mittel, welche der Veränderung zugrunde liegen. Ich glaube, ich habe (welche Vermessenheit!) das einfache Verfahren erkannt, mit dem Arten sich verschiedenen Zwecken hervorragend anpassen. Sie werden jetzt stöhnen und bei sich denken, »an was für einen Menschen habe ich meine Zeit verschwendet und geschrieben«. Vor fünf Jahren hätte ich das gleiche gedacht …

An seine Frau Emma

Down, 5. Juli 1844

Ich habe soeben die Skizze meiner Arten-Theorie beendet. Wenn, wie ich glaube, meine Theorie mit der Zeit selbst nur von einem einzigen kompetenten Beurteiler akzeptiert werden sollte, so wird sie ein beträchtlicher Fortschritt der Wissenschaft sein.

Daher schreibe ich dies für den Fall meines plötzlichen Todes als meinen feierlichsten und letzten Wunsch nieder, den Du gewiß genauso auffassen wirst, wie wenn er rechtskräftig in mein Testament aufgenommen wäre: daß Du 400 Pfund für ihre Veröffentlichung aufwenden, und ferner, daß Du selbst oder mit Hilfe von Hensleigh [Wedgwood] ihre Verbreitung fördern wirst. Ich wünsche, daß meine Skizze einem Fachmann übergeben wird, zusammen mit dieser Summe, die ihn bewegen soll, sich um ihre Verbesserung und Erweiterung zu kümmern. Ich überlasse ihm alle meine naturgeschichtlichen Bücher, die entweder angestrichen oder am Ende mit Seitenverweisen versehen sind, und ersuche ihn, all jene Stellen sorgfältig durchzusehen und zu überprüfen, die sich tatsächlich auf dieses Problem beziehen oder sich möglicherweise darauf beziehen könnten. Ich wünsche, daß Du ein Verzeichnis aller derartiger Bücher anfertigst, als Anreiz für einen etwaigen Herausgeber. Außerdem bitte ich Dich, ihm all jene Zettel auszuhändigen, die in acht oder zehn Mappen aus braunem Papier grob eingeordnet sind. Die Zettel mit Exzerpten aus verschiedenen Werken sind diejenigen, die meinem Herausgeber von Nutzen sein können. Ich bitte auch, daß Du oder irgendein Assistent beim Entziffern solcher Zettel hilfst, die der Herausgeber für nützlich halten könnte. Ich überlasse es dem Urteil des Herausgebers, ob er diese Fakten in den Text oder als Fußnoten oder in Anhänge einarbeitet. Da die Durchsicht der Verweise und Zettel eine langwierige Arbeit sein wird und da auch die *Verbesserung* und Erweiterung und Änderung meiner Skizze eine beträchtliche Zeit erfordern werden, hinterlasse ich diese Summe von 400 Pfund als eine gewisse Entschädigung, desgleichen alle Einnahmen aus dem Werk. Ich meine, daß dafür der Herausgeber verpflichtet ist, die Skizze in einem Verlag oder auf eigenes Risiko zu veröffentlichen. Viele Zettel in den Mappen enthalten lediglich unausgegorene Mutmaßungen und frühere Auffassungen, die inzwischen nutzlos geworden sind, und bei vielen Fakten wird sich wahrscheinlich herausstellen, daß sie keine Bedeutung für meine Theorie haben.

Was die Herausgeber angeht, so wäre Mr. Lyell der beste, falls er die Sache übernehmen würde; ich glaube, er fände die Arbeit angenehm, und er würde einige Fakten kennenlernen, die ihm neu sind. Da der Herausgeber sowohl Geologe als auch Biologe sein muß, wäre Professor Forbes in London der zweitbeste. Der nächstbeste (und in vieler Hinsicht sogar der beste) wäre Professor Henslow. Dr. Hooker wäre *sehr* gut. Der nächste wäre Mr. Strickland. Falls keiner von diesen sich bereitfände, möchte ich Dich ersuchen, Dich mit Mr. Lyell oder irgendeinem anderen fähigen Mann wegen eines etwaigen Herausgebers zu beraten, einem Geologen und Biologen. Sollten weitere hundert Pfund bei der Beschaffung eines guten Herausgebers den Ausschlag geben, so bitte ich Dich nachdrücklich, die Summe auf 500 Pfund zu erhöhen.

Meine restlichen naturgeschichtlichen Sammlungen mögen irgend jemandem oder irgendeinem Museum geschenkt werden, wo sie angenommen werden ...

An Leonard Jenyns

Down [1845?]

... Was mein in weiter Ferne liegendes Werk über die Arten angeht, so muß ich mich ungewöhnlich ungenau ausgedrückt haben, wenn ich Sie zu der Vermutung verleitet habe, ich hätte sagen wollen, daß meine Schlußfolgerungen unausweichlich seien. Das sind sie, nach jahrelangem Abwägen aller Rätsel, *allein* für mich geworden; aber selbst in meinen kühnsten Tagträumen habe ich nie mehr erwartet, als dartun zu können, daß die Frage der Unveränderlichkeit der Arten zwei Seiten hat, d. h. ob die Arten *direkt* erschaffen worden sind oder durch mittelbare Gesetzmäßigkeiten (wie sie etwa das Leben und Sterben der Individuen betreffen). Ich habe mich dem Problem nicht von der Seite genähert, daß ich vor der Schwierigkeit stand zu entscheiden, was Arten und was Varietäten sind, sondern ... ging von solchen Fakten aus wie der Verwandtschaft zwischen den lebenden und ausgestorbenen Säugetieren Südamerikas und zwischen denen, die auf dem Kontinent und auf den vorgelagerten Inseln, etwa den Galapagos, leben. Mir kam der Gedanke, daß eine Sammlung aller derartiger Analogien die Ansicht bestätigen oder widerlegen würde, daß verwandte Arten gemeinsame Abkömmlinge eines gemeinsamen Stammes sind. Lange Nachforschungen in Büchern über Landwirtschaft und Gartenbau und bei Landwirten und Gärtnern lassen mich glauben (ich weiß sehr wohl, wie abgeschmackt vermessen dies erscheinen muß), daß ich die Art und Weise durchschaue, wie sich neue Varietäten den äußeren Lebensbedingungen und den anderen Lebewesen in ihrer Umgebung hervorragend anpassen. Es ist kühn von mir, mich der Gefahr auszusetzen, für einen vollkommenen Narren gehalten zu werden, und zwar für einen, der sich ganz bewußt dazu macht. Aus der Natur der Ursachen, die mich glauben lassen, daß Arten ihrer Form nach veränderlich sind, ergibt sich, daß diese Ursachen nicht auf die nächstverwandten Arten beschränkt werden können; wie weit sie sich jedoch erstrecken, kann ich nicht sagen, da meine Begründungen gradweise hinfällig werden, wenn sie auf Arten angewendet werden, die einander immer ferner stehen. Bitte halten Sie mich nicht für so blind, daß ich nicht einsehe, daß in meinen Erkenntnissen zahlreiche ungeheure Schwierigkeiten liegen, doch sie erscheinen mir geringer als jene, die in der landläufigen Auffassung stecken. Ich habe eine Skizze meiner Schlußfolgerungen entworfen und ins reine schreiben lassen (auf 200 Seiten); sollte ich später einmal zu der Einsicht kommen, daß Sie sie für lesenswert halten könnten, dann wäre ich natürlich für die Kritik eines so kompetenten Kritikers überaus dankbar ...

An Joseph Dalton Hooker

[Malvern, 28. März 1849]

Mein lieber Hooker,
Ihr Brief vom 13. Oktober ist bis heute unbeantwortet geblieben! Was für ein undankbares Verhalten einem Brief gegenüber, der mich so sehr interessiert hat und der so viele und merkwürdige Informationen enthielt. Aber ich habe einen schlimmen Winter hinter mir.

Am 13. November starb mein armer lieber Vater, und niemand, der ihn nicht gekannt hat, würde glauben, daß ein Mann von mehr als dreiundachtzig Jahren eine so zärtliche und liebevolle Gesinnung behalten haben könnte, und auch sein Scharfsinn ist bis zuletzt ungetrübt geblieben. Ich war zu der Zeit so unwohl, daß ich unfähig war zu reisen, was mein Elend noch vergrößerte. Ja, den ganzen Winter über war ich ziemlich übel dran ... und mein Nervensystem war angegriffen, so daß meine Hände zitterten und mir oft schwindlig wurde. Ich war an einem Tag von dreien außerstande, irgend etwas zu tun, und ich war insgesamt zu deprimiert, um Ihnen zu schreiben oder etwas anderes zu tun als das, wozu ich gezwungen war. Ich glaubte schon, ich würde rasch den Weg allen Fleisches gehen ...

An William Darwin Fox

Down, 29. April [1851]

Mein lieber Fox,
Vermutlich hast Du noch nichts von unserem schmerzlichen und grausamen Verlust gehört. Die arme, liebe kleine Annie[7] bekam, während es ihr in Malvern recht gut ging, einen Brechanfall, dem man zunächst nicht die geringste Bedeutung beimaß; er nahm jedoch sehr schnell die Form eines schleichenden,

---

[7] Darwins älteste Tochter Anne Elizabeth starb 1851 im Alter von zehn Jahren.

schrecklichen Fiebers an, das sie innerhalb von zehn Tagen dahinraffte. Gott sei Dank, sie hat kaum gelitten und entschlief so sanft wie ein kleiner Engel. Unser einziger Trost ist, daß sie ein kurzes, aber fröhliches Leben gehabt hat. Sie war mein Lieblingskind; ihre Herzlichkeit, Offenheit, überschäumende Fröhlichkeit und starke Zuneigung machten sie überaus liebenswert. Arme, liebe kleine Seele. Nun, es ist alles vorbei ...

An William Darwin Fox

Down, 7. März [1852]

Mein lieber Fox,

Es ist wirklich schon eine Ewigkeit her, daß wir nichts mehr voneinander gehört haben, und es hat mich sehr gefreut, eine Nachricht von Dir zu erhalten. Unser langes Schweigen fiel mir vor ein paar Wochen auf, und ich wollte Dir damals schreiben, war aber zu faul. Ich gratuliere und kondoliere Dir zu Deinem *zehnten* Kind; aber wenn ich mein zehntes bekommen sollte, so achte bitte darauf, daß Du mir nur ein Kondolenzschreiben schickst. Wir haben jetzt sieben Kinder, alle wohlauf gottlob, ebenso wie ihre Mutter; von diesen sieben sind fünf Jungen; und mein Vater sagte immer, daß ein Junge bestimmt genausoviel Sorgen mache wie drei Mädchen, so daß wir *bona fide* siebzehn Kinder haben. Mir wird jedesmal ganz übel, wenn ich an die Berufe denke; alle erscheinen mir hoffnungslos schlecht, und bis jetzt kann ich noch keinen Lichtstrahl erkennen. Ich würde mich darüber gern einmal unterhalten (übrigens, meine drei Schreckgespenster sind kalifornisches und australisches Gold, das mich durch die Entwertung meiner Hypothekengelder an den Bettelstab bringt; die Franzosen, die auf den Straßen von Westerham und Sevenoaks näherrücken und somit Down einschließen[8]; und drittens die Berufe für meine Söhne), und ich möchte über die Erziehung sprechen, nachdem Du mich gefragt hast, was wir tun. Niemand kann die alte stereotype und stupide klassische Schulbildung aufrichtiger verachten als ich; doch bis jetzt habe ich noch nicht den Mut, die Fesseln zu sprengen. Nach vielen Bedenken haben wir soeben unseren ältesten Sohn

---

[8] Darwin spricht hier in humoristischer Übertreibung von seinen Sorgen als Geschäftsmann, der um seine Geldanlagen fürchtete, und – vermutlich – von den Besuchermassen aus Frankreich, die er während der Londoner Weltausstellung (1851) erlebt hatte.

nach Rugby geschickt, wo er für sein Alter sehr gut unterge-
bracht ist ... Ich preise, bewundere und beneide Dich, daß Du
Deine Söhne zu Hause unterrichtest. Was in aller Welt hast Du
aber mit Deinen Söhnen vor? ... Was für angenehme Zeiten
waren das doch, als wir in Deiner Bude im Christ's College
Kaffee tranken, und erinnere Dich nur an die Pracht des Crux-
major-Käfers. Ach, in jenen Tagen gab es noch keine Berufsplä-
ne für Söhne, kein Bangen um ihre Gesundheit, kein kalifornisches Gold, keine französischen Invasionen. Wie sehr überragt
die Zukunft die Gegenwart, wenn man von Kindern umgeben
ist. Meine Furcht ist erbliche Krankheit. Selbst der Tod wäre
besser für sie.

> Mein lieber Fox, Dein aufrichtiger Freund
> C. Darwin

An William Darwin Fox

> Down, 19. März [1855]

Mein lieber Fox,
Wie lange ist es her, daß wir nichts voneinander gehört haben,
und ich möchte wirklich gerne erfahren, wie es Dir so geht; der
unmittelbare Anlaß meines Briefes ist jedoch, Dich zu bitten,
einen bestimmten Punkt für mich zu beobachten, und da ich
inzwischen weiß, daß Du ein vielbeschäftigter Mann bist und
viel zu tun hast, habe ich wohl eine gute Chance, daß Du mir
meinen Wunsch erfüllst, weil es hoffnungslos wäre, einen Fau-
lenzer darum zu bitten. Da Du eine Arche Noah hast, bezweifle
ich nicht, daß Du auch Tauben hast. (Wie sehr wünschte ich, es
wären zufällig Pfauentauben!) Was ich nun wissen möchte, ist,
in welchem Alter bei Nestlingstauben die Schwanzfedern so
weit enwickelt sind, daß man sie zählen kann. Ich glaube nicht,
daß ich jemals eine junge Taube gesehen habe. Ich arbeite angestrengt an meinen Notizen, die ich zusammenstelle und vergleiche,
um in etwa zwei oder drei Jahren ein Buch zu schreiben,
das alle Fakten und Argumente, die ich sammeln kann, *für und
gegen* die Unveränderlichkeit der Arten enthalten soll. Ich
brauche die Jungen unserer Zuchtrassen, um festzustellen, wie
früh und in welchem Ausmaß die Unterschiede auftreten. Ich
muß die Tauben entweder selber züchten (was für mich kein
Vergnügen, sondern eine furchtbare Plackerei ist) oder Jungtie-
re kaufen; doch bevor ich zu dem Verkäufer gehe, von dem mir

Yarrell erzählt hat, bin ich sehr erpicht darauf, etwas über ihre Entwicklung zu erfahren, damit ich nicht meine maßlose Unwissenheit offenbaren muß und damit ich mich nicht der übergroßen Gefahr aussetze, betrogen und übers Ohr gehauen zu werden. Was den *einen* Punkt der Schwanzfedern betrifft, so steht er natürlich in Beziehung zur wunderbaren Entwicklung des Schwanzgefieders bei der adulten Pfauentaube. Solltest Du irgendeine reinblütige Geflügelrasse besitzen, möchte ich Dich bitten, mir ein Küken mit genauer Altersangabe – etwa eine Woche oder vierzehn Tage alt! – in einer Schachtel per Post zu schicken, sofern Du es übers Herz bringen kannst, eines zu töten; und zweitens laß mich bitte das Porto zahlen ... Über Zusendung eines gewöhnlichen Taubennestlings würde ich mich wirklich sehr freuen, denn ich beabsichtige, Skelette zu präparieren, und habe bereits damit begonnen, wilde und zahme Tauben miteinander zu vergleichen. Und ich glaube, die Ergebnisse sind recht merkwürdig, denn wenn man die einzelnen Knochen nach gründlicher Reinigung sehr sorgfältig wiegt, ergeben sich bei beiden erhebliche Gewichtsunterschiede; der Fuß der zahmen Form hat stark zugenommen. Wie sehr wünschte ich, ich könnte eine kleine Wildtaube im Alter von einer Woche bekommen, aber ich weiß, daß das fast unmöglich ist.

Was uns selbst angeht, so habe ich nicht viel zu berichten; in unserem Haus geht es derzeit infolge des Keuchhustens sehr laut zu, doch ansonsten sind alle wohlauf. Bei weitem die wichtigste Tatsache, die mich selbst betrifft, ist die, daß ich endlich mit den ewigen Rankenfüßern fertig geworden bin. Am Jahresende sind zwei unserer kleinen Jungen sehr krank gewesen; sie hatten Fieber und Bronchitis und alle möglichen Wehwehchen. Teils zum Vergnügen und teils zum Zwecke der Luftveränderung sind wir nach London gefahren und haben uns dort für einen Monat ein Haus gemietet, doch das erwies sich als ein großer Fehlschlag, denn gerade als wir ankamen, setzte die schreckliche Kälte ein, und unsere sämtlichen Kinder wurden krank, und E[mma] und ich hatten fast die ganze Zeit über Husten und Erkältung und Rheumatismus. Auf unserer Liste der zu erledigenden Sachen stand obenan ein Besuch bei Mrs. Fox, aber nachdem wir einige Zeit gewartet hatten, ob das Wetter nicht besser werden würde, blieb uns buchstäblich kein Tag mehr, an dem wir beide hätten zusammen ausgehen können.

Ich hoffe sehr, daß Du es einrichten kannst, uns in nicht allzu langer Zeit zu besuchen. Die Zeit vergeht, und wir werden allmählich alt. Berichte uns von Dir selbst und von Deiner ganzen großen Familie.

Ich weiß, Du wirst mir, *wenn Du kannst,* mit Informationen über die Jungtauben helfen; auf alle Fälle schreibe recht bald.

Mein lieber Fox, Dein aufrichtiger alter Freund
C. Darwin

An Charles Lyell

3. Mai [1856]

... Hinsichtlich Ihres Vorschlages, eine Skizze meiner Anschauungen anzufertigen, weiß ich kaum, was ich denken soll, doch ich will es mir überlegen; es geht allerdings gegen meine Vorurteile. Eine leidliche Skizze zu schreiben dürfte vollkommen unmöglich sein, denn jede These erfordert eine ganze Ansammlung von Belegen. Müßte ich irgend etwas in der Richtung tun, dann könnte es nur darum gehen, das wichtigste Agens des Wandels – die Auslese – hervorzuheben und vielleicht einige wenige auffällige Merkmale darzustellen, die eine solche Anschauung stützen, desgleichen einige der Hauptschwierigkeiten. Aber ich weiß nicht, was ich davon halten soll; eigentlich widerstrebt mir der Gedanke, aus Prioritätsgründen zu schreiben, obwohl ich mich sicherlich ärgern würde, wenn irgend jemand meine Lehren vor mir veröffentlichen sollte. Auf jeden Fall danke ich Ihnen herzlich für Ihre Anteilnahme ...

An Joseph Dalton Hooker

9. Mai [1856?]

... Ich bedarf sehr des Rates und des *echten* Trostes, falls Sie ihn mir geben können. Ich hatte ein gutes Gespräch mit Lyell über mein Arten-Werk, und er drängt mich stark, etwas zu veröffentlichen. Ich bin entschieden gegen irgendwelche Zeitschriften oder Journale, da ich mich eindeutig *nicht* einem Herausgeber oder einem Gremium anvertrauen will, wodurch ich eine Veröffentlichung zuließe, für die sie beschimpft werden könnten. Wenn ich etwas publiziere, dann muß es ein *sehr schmaler* und kleiner Band sein, der eine Skizze meiner Ansichten und Schwierigkeiten umfaßt; es ist allerdings schrecklich unklug, ein

Resümee eines unveröffentlichten Werkes ohne exakte Belege herauszubringen. Lyell schien jedoch der Meinung zu sein, ich sollte dies tun, und zwar auf den Vorschlag von Freunden hin und aus dem Grund, den ich geltend machen könnte, daß ich nämlich schon achtzehn Jahre lang daran arbeite und dennoch erst in mehreren Jahren eine Publikation vorlegen könne, zumal da ich auf die Schwierigkeiten verweisen könnte, die spezielle Nachforschungen zu erfordern scheinen. Nun, was meinen Sie dazu? Ich wäre Ihnen für einen Rat sehr dankbar . . .

An Asa Gray

Down, 20. Juli [1856]

. . . Es ist nicht wenig egoistisch, aber ich möchte Ihnen gerne sagen (ich *glaube,* ich habe es noch nicht getan), wie ich meine Arbeit sehe. Vor neunzehn Jahren (!), während ich anderweitig mit Naturgeschichte beschäftigt war, kam mir der Gedanke, es wäre vielleicht gut, wenn ich mir alle Fakten notierte, die sich auf die Frage nach dem Ursprung der Arten beziehen, und das habe ich seitdem getan. Entweder sind die Arten unabhängig voneinander entstanden, oder sie stammen von anderen Arten ab, so wie die Varietäten von einer Art. Ich glaube, es läßt sich als wahrscheinlich nachweisen, daß der Mensch seine ausgeprägtesten Varietäten hervorbringt, indem er jene weiterzüchtet, die als die erhaltenswertesten auftreten, und die anderen vernichtet, aber ich würde eine ganze Lage Papier füllen, wenn ich das weiter ausführen sollte. Um es kurz zu machen, ich *gehe davon aus,* daß Arten genauso wie unsere domestizierten Varietäten entstehen, während gleichzeitig *viele* aussterben; und dann überprüfe ich diese Hypothese durch einen Vergleich mit so vielen allgemeinen und einigermaßen gesicherten Aussagen, wie ich ausfindig machen kann – bezüglich der geographischen Verbreitung, der geologischen Geschichte, der Verwandtschaftsbeziehungen etc., etc. Und mir scheint, wir müssen, *vorausgesetzt,* daß eine solche Hypothese derartige allgemeine Aussagen zu erklären vermag, in Übereinstimmung mit dem für alle Wissenschaften verbindlichen Verfahren diese Hypothese so lange akzeptieren, bis sich eine bessere findet. Denn für meine Begriffe ist die Behauptung, daß die Arten so und so erschaffen worden sind, keine wissenschaftliche Erklärung, sondern nur eine ehrerbietige Form der Aussage, daß es so und so ist. Es ist indes unsinnig, im Rahmen eines Briefes darlegen zu wollen, wie ich vorzugehen versuche. Doch als ehrlicher Mann muß ich Ihnen sagen, daß ich zu dem heterodoxen Schluß gekommen bin, daß es so etwas wie unabhängig erschaffene Arten nicht gibt – daß Arten nur deutlich voneinander unterschiedene Varietäten sind. Ich weiß, Sie werden mich deswegen verachten. Ich unterschätze nicht die zahlreichen *ungeheuren* Schwierigkeiten bei dieser Auffassung, aber dennoch scheint sie mir zu vieles sonst Unerklärliche zu erklären, um falsch zu sein ...

An Alfred Russel Wallace

Moor Park, 1. Mai 1857

Sehr geehrter Herr,

Ich bin Ihnen sehr verbunden für Ihren Brief vom 10. Oktober aus Celebes, den ich vor einigen Tagen erhielt; bei einem mühseligen Unterfangen ist Anteilnahme eine wertvolle und echte Ermunterung. Aus Ihrem Brief und mehr noch aus Ihrem Aufsatz[9] in den ›Annals‹, vor einem Jahr oder früher, kann ich deutlich ersehen, daß wir beide ungefähr das gleiche gedacht haben und bis zu einem gewissen Grade zu ähnlichen Schlußfolgerungen gelangt sind. Was den Aufsatz in den ›Annals‹ betrifft, so stimme ich der Richtigkeit fast eines jeden Wortes in Ihrem Aufsatz zu, und ich wage zu behaupten, daß Sie mit mir darin übereinstimmen, daß man selbst nur sehr selten mit den theoretischen Erörterungen eines anderen einigermaßen einverstanden ist; denn es ist beklagenswert, wie jedermann seine eigenen unterschiedlichen Schlüsse aus genau denselben Fakten zieht. In diesem Sommer werden es zwanzig Jahre (!), daß ich mein erstes Notizbuch angefangen habe, das der Frage gewidmet war, wie und auf welche Weise die Arten und Varietäten voneinander abweichen. Ich bereite jetzt mein Werk zur Veröffentlichung vor, doch ich finde das Thema so umfassend, daß ich, obwohl ich bereits viele Kapitel geschrieben habe, nicht annehme, es in den nächsten beiden Jahren zum Druck geben zu können. Ich habe keine Ahnung, wie lange Sie noch im Malaiischen Archipel zu bleiben gedenken; ich wollte, ich könnte noch von der Veröffentlichung Ihrer Reisebeschreibung

---

[9] ›On the law that has regulated the introduction of new species‹, in: ›Annals of Natural History‹, September 1855.

profitieren, bevor mein Buch erscheint, denn Sie werden gewiß eine reiche Ernte an Fakten einbringen. Ich verfahre bereits im Einklang mit Ihrer Empfehlung, domestizierte Varietäten und solche, die im Naturzustand auftreten, getrennt zu halten; manchmal sind mir allerdings Zweifel gekommen, ob das richtig ist, und ich freue mich, daß Sie mich mit Ihrer Meinung unterstützen. Ich muß jedoch gestehen, daß ich die Richtigkeit der heute stark vorherrschenden Lehre bezweifle, alle unsere Haustiere seien aus mehreren Wildstämmen hervorgegangen, auch wenn ich nicht bezweifle, daß dies in einigen Fällen zutrifft. Ich meine, es gibt doch etwas bessere Beweise für die Unfruchtbarkeit hybrider Tiere, als Sie anzunehmen scheinen – und was die Pflanzen angeht, so ist die Zusammenstellung der von Kölreuter und Gärtner (und Herbert) sorgfältig registrierten Fakten *überwältigend*. Hinsichtlich der geringen Auswirkungen »klimatischer Bedingungen«, die man in allen Büchern *ad nauseam*[10] beschrieben findet, stimme ich ganz und gar mit Ihnen überein: Ich vermute, daß man solchen Einflüssen eine gewisse sehr geringe Wirkung beimessen muß, aber ich glaube, daß sie ganz unbedeutend sind. Es ist wirklich *unmöglich*, meine Ansichten (im Rahmen eines Briefes) über die Ursachen und Mittel der Variabilität im Naturzustand zu erläutern, doch ich habe mir nach und nach eine bestimmte und handfeste Vorstellung gebildet – ob richtig oder falsch, müssen andere entscheiden; denn auch die festeste Überzeugung eines Autors von der Wahrheit seiner Lehre ist offenbar leider nicht die mindeste Garantie für die Wahrheit! . . .

An Alfred Russel Wallace

Down, 22. Dezember 1857
. . . Sie fragen, ob ich auch den »Menschen« behandeln werde. Ich glaube, ich werde das ganze Thema meiden, weil es so sehr von Vorurteilen belastet ist; allerdings gebe ich durchaus zu, daß es für den Naturforscher das höchste und interessanteste Problem ist. Mein Werk, an dem ich nun mehr oder weniger zwanzig Jahre lang arbeite, will nichts festlegen oder endgültig regeln, doch ich hoffe, es wird eine Hilfe sein, indem es eine große Sammlung von Fakten mit einem ganz bestimmten Ziel

[10] Bis zum Überdruß.

darbietet. Ich komme nur sehr langsam voran, teils wegen meiner schlechten Gesundheit, teils weil ich ein sehr langsamer Arbeiter bin. Ich habe ungefähr die Hälfte geschrieben, aber ich vermute, bis zur Veröffentlichung wird es noch ein paar Jahre dauern. Ich habe jetzt drei volle Monate über dem Kapitel Hybridismus gesessen!...

An seine Frau Emma

Moor Park, Mittwoch, April [1858?]

... Das Wetter ist ganz köstlich. Nachdem ich gestern an Dich geschrieben hatte, bin ich anderthalb Stunden lang ein wenig über die Lichtung hinaus gewandert und habe mich des Lebens gefreut – das frische und doch dunkle Grün der herrlichen Kiefern, das Braun der Kätzchen an den alten Birken mit ihren weißen Stämmen und ein Saum fernen Lärchengrüns ergaben ein ungewöhnlich hübsches Bild. Zuletzt bin ich im Gras fest eingeschlafen und wurde aufgeweckt durch einen Chor der Vögel, die rings um mich her sangen; Eichhörnchen liefen an den Bäumen empor, und ein paar Spechte lachten, und es war eine so erfreuliche und ländliche Szene, wie ich sie nur jemals erblickt habe, und es kümmerte mich nicht einen Penny, wie all diese Tiere und Vögel entstanden sind...

An Charles Lyell

Down, 18. [Juni 1858]

Mein lieber Lyell,

Vor ungefähr einem Jahr empfahlen Sie mir, einen Aufsatz von Wallace in den ›Annals‹ zu lesen, der Sie interessiert hatte, und als ich ihm daraufhin schrieb, erzählte ich ihm davon, weil ich wußte, daß er sich darüber freuen würde. Heute schickte er mir nun das Beiliegende[11], mit der Bitte, es an Sie weiterzuleiten. Es erscheint mir durchaus lesenswert. Ihre Worte haben sich bitter bewahrheitet – daß man mir nämlich zuvorkommen würde. Sie sagten dies, als ich Ihnen hier ganz kurz meine Ansichten über

[11] Wallaces Abhandlung ›On the Tendency of Varieties to depart indefinitely from the Original Type‹, die zusammen mit Darwins Entwurf seiner Arten-Theorie der Linnean Society vorgelegt und im ›Journal‹ der Gesellschaft abgedruckt wurde.

Charles Lyell

die »natürliche Auslese« als Folge des Kampfes ums Dasein darlegte. Ich habe noch nie eine so verblüffende Übereinstimmung erlebt; hätte Wallace meine 1842 niedergeschriebene Skizze gehabt, er hätte keine bessere Kurzfassung davon machen können! Selbst seine Begriffe stehen jetzt als Überschriften über meinen Kapiteln. Senden Sie mir bitte das Manuskript zurück, das er mich zwar nicht zu veröffentlichen bittet, aber ich werde ihm selbstverständlich sofort schreiben und ihm anbieten, es an irgendeine Zeitschrift zu schicken. So ist alle meine Originalität, wie groß sie auch sein mag, zunichte gemacht, obwohl dadurch mein Buch, falls es überhaupt jemals einen Wert haben sollte, nicht schlechter ausfallen wird, da die ganze Arbeit in der praktischen Anwendung der Theorie besteht.

Ich hoffe, Sie stimmen Wallaces Skizze zu, damit ich ihm Ihre Meinung mitteilen kann.

Mein lieber Lyell, Ihr aufrichtig ergebener
C. Darwin

An Charles Lyell

Down, Freitag [25. Juni 1858]

... In Wallaces Skizze findet sich nichts, was ich in meiner Skizze, die 1844 ins reine geschrieben wurde und die Hooker vor ungefähr einem Dutzend Jahren gelesen hat, nicht sehr viel weiter ausgeführt hätte. Vor etwa einem Jahr habe ich eine Kurzfassung meiner Ansichten, von der ich eine Abschrift besitze, an Asa Gray geschickt (im Zusammenhang mit unserer Korrespondenz über mehrere Punkte), so daß ich völlig wahrheitsgetreu sagen und beweisen kann, daß ich nichts von Wallace übernommen habe. Ich würde nun äußerst gern eine Skizze meiner allgemeinen Ansichten auf ungefähr einem Dutzend Seiten veröffentlichen; ich kann mich jedoch nicht davon überzeugen, daß dies ehrenhaft wäre. Wallace sagt nichts über eine Veröffentlichung; ich füge seinen Brief bei. Da ich aber nicht die Absicht hatte, irgendeinen Entwurf zu veröffentlichen, kann ich es jetzt ehrenhafterweise tun, weil mir Wallace einen Abriß seiner Theorie geschickt hat? Ich würde viel lieber mein ganzes Buch verbrennen, als daß er oder sonst jemand denken sollte, ich hätte in schäbiger Gesinnung gehandelt. Finden Sie nicht, daß mir durch die Zusendung dieser Skizze die Hände gebunden sind?...

An William Darwin Fox

Down, 24. [März 1859]

...Uns allen geht es recht gut, und unsere älteste Tochter ist auf dem Wege der Besserung. Ich sehe bei meiner Arbeit Licht und mache gerade meine Kapitel endgültig druckfertig; in einem Monat oder sechs Wochen hoffe ich die Korrekturbogen zu bekommen. Ich bin meiner Arbeit müde. Es ist eine sehr merkwürdige Sache, daß ich nicht das Gefühl habe, mein Gehirn zu überfordern, doch die Tatsachen zwingen mich zu dem Schluß, daß mein Gehirn nie zu übermäßigem Denken geschaffen war. Wenn ich fertig bin, wollen wir für zwei oder drei Monate nach Ilkley oder in einen ähnlichen Ort fahren, um zu sehen, ob ich meinem Gesundheitszustand einen ordentlichen Ruck geben kann, denn in der letzten Zeit war er wirklich miserabel und hat mich zu allem unfähig gemacht. Du tust mir Unrecht, wenn Du meinst, daß ich des Ruhmes wegen arbeite; ich schätze ihn zwar bis zu einem gewissen Grade, aber wenn ich mich richtig kenne, so arbeite ich aus einer Art Instinkt heraus, um zu versuchen, die Wahrheit zu ergründen. Wie sehr würde ich mich freuen, wenn Du irgendwann einmal nach Down kommen könntest, vor allem wenn es mir wieder etwas besser geht, worauf ich noch immer hoffe. Wir haben einen Billardtisch aufgestellt, und ich finde, er tut mir sehr gut und treibt mir die schrecklichen Arten aus dem Kopf. Lebe wohl, mein lieber alter Freund!

Herzlichst,
Dein C. Darwin

An Charles Lyell

Down, 30. September [1859]

Mein lieber Lyell,
Ich habe heute morgen die letzten Korrekturbogen abgeschickt, doch ohne das Register, das noch nicht gesetzt ist. Ich betrachte Sie als meinen Lordkanzler in Sachen Naturwissenschaft, und deshalb ersuche ich Sie, die kritischen Punkte im zusammenfassenden Teil des letzten Kapitels noch einmal kurz *durchzusehen,* nachdem Sie alles gelesen haben. Ich bin sehr gespannt darauf, zu erfahren, wie Sie sich über das Abwägen der Pros und Contras in meinem Buch entscheiden (falls Sie sich überhaupt entscheiden können) und über alle anderen Pros und Contras, die Ihnen vielleicht aufstoßen. Ich hoffe, Sie sind der Ansicht, daß ich die Schwierigkeiten angemessen dargelegt habe. Ich habe die feste Überzeugung, daß Sie, wenn Sie jetzt keine allzu großen Bedenken haben, nach und nach bekehrt werden, je länger Sie sich mit dem Thema befassen. Ich erinnere mich sehr wohl, wie viele lange Jahre es gedauert hat, bis ich einigen der Schwierigkeiten ins Gesicht schauen konnte, ohne in große Verlegenheit zu geraten. Im Fall der geschlechtslosen Insekten hätte ich beinahe die Flagge gestrichen.

Ich vermute, daß ich ein sehr langsamer Denker bin, denn Sie würden staunen über die Zahl der Jahre, die ich brauchte, um klar zu erkennen, worin einige der zu lösenden Probleme bestanden, so etwa die Notwendigkeit des Prinzips der Divergenz von Merkmalen, das Aussterben von Übergangsvarietäten innerhalb eines geschlossenen Verbreitungsgebiets mit abgestuften Lebensbedingungen, das doppelte Problem der unfruchtbaren ersten Kreuzungen und der unfruchtbaren Hybriden, etc., etc.

Rückschauend glaube ich, es war schwieriger, die Probleme zu erkennen, als sie zu lösen, soweit mir dies überhaupt gelungen ist, und das erscheint mir ziemlich merkwürdig. Nun, wie dem auch sei, meine Arbeit ist gottlob getan, und eine schwere Arbeit, das kann ich Ihnen versichern, habe ich gehabt und viel Arbeit, die niemals Früchte getragen hat. An der Art, wie ich hier draufloskritzle, können Sie sehen, daß heute ein müßiger und regnerischer Nachmittag ist. Ich war gestern nicht in der Lage, nach Ilkley zu fahren, da es mir zu schlecht ging; ich hoffe jedoch am Dienstag oder Mittwoch hinzukommen. Bitte, lassen Sie von sich hören, wenn Sie mein Buch beendet und ein wenig darüber nachgedacht haben. Fallen Sie ruhig über mich her, falls Sie es für notwendig halten; später einmal, möglicherweise in London, können Sie mir im einzelnen ein paar kritische Einwände vorlegen, das heißt, falls Sie irgendwelche Bemerkungen an den Rand gekritzelt haben für eine etwaige zweite Auflage.

Murray druckt 1250 Exemplare, was mir fast eine zu große Auflage zu sein scheint, aber ich hoffe, er muß dabei nicht draufzahlen.

Ich mache so viel Getue um mein Buch, als ob es mein erstes wäre. Verzeihen Sie mir, mein lieber Lyell,

Ihr aufrichtig ergebener
C. Darwin

An Louis Agassiz

Down, 11. November [1859]

Sehr geehrter Herr,

Ich habe mir erlaubt, Ihnen ein Exemplar meines Buches (vorerst nur ein Abriß) über die ›Entstehung der Arten‹ zu übersenden. Da die Schlußfolgerungen, zu denen ich in mehreren Punkten gelangt bin, so stark von den Ihren abweichen, hege ich den Verdacht (sollten Sie irgendwann einmal meinen Band lesen), Sie könnten vielleicht denken, ich hätte es Ihnen aus Trotz oder Prahlerei geschickt; ich versichere Ihnen jedoch, daß ich aus einer völlig anderen Gesinnung heraus handle. Ich hoffe, Sie werden mir, so irrig Ihnen auch meine Schlußfolgerungen vorkommen mögen, zumindest zugute halten, daß ich ernstlich bestrebt war, zur Wahrheit vorzudringen. Mit aufrichtiger Hochachtung verbleibe ich

Ihr sehr ergebener
Charles Darwin

An John Steven Henslow

Down, 11. November 1859

Mein lieber Henslow,
Ich habe Murray gebeten, ein Exemplar meines Buches über die Arten an Sie zu schicken, meinen teuren alten Naturgeschichtslehrer; ich fürchte indes, daß Sie in diesem Falle Ihrem Schüler nicht beipflichten werden. In seinem gegenwärtigen Zustand läßt das Buch nicht den Umfang harter Arbeit erkennen, die ich in das Thema gesteckt habe.

Falls Sie Zeit haben, es sorgfältig zu lesen, und sich die Mühe machen wollen, die Teile zu benennen, die Ihnen am schwächsten und am besten erscheinen, so wäre mir dies eine sehr wesentliche Hilfe bei der Abfassung meines größeren Buches, das ich in einigen Monaten zu beginnen hoffe. Sie wissen ja, wie hoch ich Ihr Urteil schätze. Ich bin allerdings nicht so unvernünftig, zu wünschen oder zu erwarten, daß Sie eine eingehende und längere Kritik schreiben, sondern lediglich ein paar allgemeine Bemerkungen, die auf die schwächsten Teile aufmerksam machen.

Wenn Ihnen auch nur die *allerleisesten* Bedenken hinsichtlich der Unveränderlichkeit der Arten kommen (was ich kaum erwarte), dann bin ich überzeugt, daß Sie bei weiterer Überlegung immer bedenklicher werden, denn das ist der Prozeß, den mein Verstand durchgemacht hat. Mein lieber Henslow,

Ihr Ihnen herzlich verbundener und dankbarer
C. Darwin

An Thomas Henry Huxley

Ilkley, 25. November [1859]

Mein lieber Huxley,
Ihr Brief ist mir von Down aus nachgesandt worden. Wie ein guter Katholik, der die Letzte Ölung empfangen hat, kann ich

jetzt singen: »Nunc dimittis.«[12] Ich wäre auch schon mit einem Viertel dessen, was Sie geschrieben haben, mehr als zufrieden gewesen. Als ich vor genau fünfzehn Monaten die Feder zu diesem Band ansetzte, hatte ich schreckliche Vorahnungen und dachte, ich hätte mich vielleicht getäuscht, wie es schon so viele getan haben, doch dann bestimmte ich im Geiste drei Richter, deren Entscheidung ich mich innerlich zu unterwerfen gedachte. Die Richter waren Lyell, Hooker und Sie. Deshalb war ich auf Ihr Urteil so gespannt. Nun bin ich zufriedengestellt und kann mein »nunc dimittis« singen. Was für ein Scherz muß es sein, wenn ich Ihnen auf den Rücken klopfe, während Sie irgendeinen unbeirrbaren Schöpfungsgläubigen attackieren! Sie haben höchst raffiniert auf einen Punkt hingewiesen, der mir viel Kummer gemacht hat; wenn, wie ich annehmen muß, äußere Bedingungen geringe *direkte* Auswirkungen haben, was zum Teufel bestimmt dann jede besondere Abänderung? Was bringt einen Federschopf auf dem Kopf eines Hahns hervor oder Moos an einer Moosrose? Darüber würde ich mich gerne mit Ihnen unterhalten...

Mein lieber Huxley, ich danke Ihnen herzlich für Ihren Brief.

Ihr aufrichtig ergebener
C. Darwin

An Asa Gray

Down, 21. Dezember [1859]

Mein lieber Gray,

Ich habe soeben Ihren überaus freundlichen, langen und wertvollen Brief erhalten. Ich will in ein paar Tagen wieder schreiben, denn derzeit bin ich krank und von Geschäften überlastet; die heutigen Zeilen sind nur persönlich gemeint. Ich würde mich aus mehreren Gründen über eine amerikanische Ausgabe sehr freuen. Ich habe mich darauf eingestellt, daß man mich tüchtig beschimpfen würde, aber ich halte es für wichtig, daß meine Erkenntnisse von intelligenten Leuten gelesen werden, die mit einer wissenschaftlichen Beweisführung vertraut sind, auch wenn sie *keine* Naturforscher sind. Es mag absurd erscheinen, aber ich denke, solche Leute werden jene Naturforscher mit sich reißen, die es sich allzu fest in den Kopf gesetzt haben,

---

[12] Siehe die Anmerkung auf Seite 104.

daß eine Art eine Einheit ist. Die erste Auflage von 1250 Exemplaren ist am ersten Tag verkauft worden, und jetzt druckt mein Verleger *so schnell wie möglich* weitere 3000 Exemplare. Ich erwähne dies nur deshalb, weil es einen lohnenden Absatz in Amerika verheißt...

An Heinrich Georg Bronn

Down, 4. Februar [1860]

Mein sehr verehrter Herr,

Ich danke Ihnen aufrichtig für Ihren überaus freundlichen Brief; ich befürchtete, Sie würden die ›Entstehung [der Arten]‹ sehr mißbilligen, und ich habe sie Ihnen lediglich als Zeichen meiner aufrichtigen Wertschätzung geschickt. Mit großem Interesse werde ich Ihr Werk über die Naturerzeugnisse der Inseln lesen, sobald ich es bekomme. Ich danke Ihnen herzlich für die Notiz im ›Neuen Jahrbuch für Mineralogie‹ und noch mehr dafür, daß Sie mit Schweizerbart über eine Übersetzung gesprochen haben; denn mir liegt sehr viel daran, daß das große und geistig hochstehende deutsche Volk etwas von meinem Buch erfährt.

Ich habe meinen Verleger gebeten, sofort ein Exemplar der *neuen* [zweiten] Auflage an Schweizerbart abzuschicken, und ich habe Schweizerbart geschrieben, daß ich auf alle Rechte auf Einkünfte verzichte, in der Hoffnung, daß eine Übersetzung erscheinen wird. Ich fürchte, das Buch wird schwer zu übersetzen sein, und wenn Sie Schweizerbart wegen eines *guten* Übersetzers beraten können, wäre das sehr verdienstvoll. Mehr noch, wenn Sie ein Auge auf die schwierigen Partien der Übersetzung werfen könnten – doch eine so große Gefälligkeit kann ich kaum erwarten. Ich habe das sichere Gefühl, daß es schwer zu übersetzen sein wird, weil es so gerafft ist.

Ich danke Ihnen nochmals für Ihre noble und großzügige Anteilnahme und verbleibe mit vorzüglicher Hochachtung,

Ihr sehr ergebener
C. Darwin

P. S. – Die neue Auflage enthält einige wenige Korrekturen, und ich will im Manuskript ein paar zusätzliche Korrekturen sowie eine kurze historische Einführung an Schweizerbart schicken.

Wie interessant könnten Sie das Werk machen, wenn Sie es *herausgäben* (ich meine damit nicht übersetzen) und Anmerkungen mit *Widersprüchen* oder Bestätigungen beifügten! Das Buch hat sich in England so gut verkauft, daß ein Herausgeber, glaube ich, mit der Übersetzung einen Gewinn machen würde.

An Heinrich Georg Bronn

Down, 14. Februar [1860]

Mein lieber, sehr geehrter Herr,
Ich danke Ihnen herzlich für Ihre ungewöhnliche Freundlichkeit, die Übersetzung überwachen zu wollen. Ich habe dies einigen hervorragenden Wissenschaftlern gegenüber erwähnt, und sie alle sind sich darin einig, daß Sie damit einen noblen und großmütigen Dienst leisten. Auch wenn sich erweisen sollte, daß ich ganz und gar unrecht habe, so tröste ich mich doch mit dem Gedanken, daß mein Buch etwas Gutes bewirken kann, da die Wahrheit nur dadurch erkannt wird, daß sie sich nach jeder Attacke wieder siegreich erhebt... Ich bin nicht sonderlich vertraut mit deutschen Autoren, weil ich Deutsch nur sehr langsam lese; deswegen weiß ich nicht, ob irgendwelche Deutsche ähnliche Ansichten wie ich vertreten; sollten sie es getan haben, würden Sie mir dann den Gefallen erweisen, dem Vorwort eine Fußnote beizufügen? Herr Schweizerbart hat inzwischen die Neuauflage erhalten, so daß ein Übersetzer anfangen kann. Mehrere Wissenschaftler halten den Begriff »Natural Selection« für gut, weil seine Bedeutung *nicht* auf der Hand liegt und nicht jeder seine eigene Interpretation hineinlegen kann und weil er sofort die Variabilität in der Domestikation und in der Natur miteinander vereinigt. Gibt es einen analogen Begriff, der von deutschen Tierzüchtern verwendet wird? »Adelung«, ennobling, wäre vielleicht zu metaphorisch. Es ist töricht von mir, aber ich kann mir nicht helfen, ich bezweifle, daß »Wahl der Lebensweise«[13] meine Vorstellung ausdrückt. Es erweckt bei mir den Eindruck der Lamarckschen Lehre (die ich verwerfe), wonach die Lebensweise von überragender Bedeutung ist. Der Mensch hat das englische Rennpferd verändert und damit verbessert durch die *Auslese* immer flinkerer Individuen; und ich glaube angesichts des Kampfes ums Dasein, daß ähnliche *ge-*

[13] »Adelung« und »Wahl der Lebensweise« im Original deutsch.

ringfügige Abänderungen bei einem wilden Pferd, *falls sie ihm von Vorteil sind,* von der Natur *ausgelesen* oder *erhalten* werden; deshalb »natürliche Auslese«. Doch ich bitte um Entschuldigung, daß ich Sie mit diesen Bemerkungen über die Notwendigkeit, einen guten deutschen Ausdruck für »Natural Selection« zu wählen, behelligt habe. Mit meinem tiefgefühlten Dank und mit aufrichtiger Hochachtung

verbleibe ich, sehr geehrter Herr, Ihr sehr ergebener

Charles Darwin

An Joseph Dalton Hooker

Down [15. Mai 1860]

... Mich mögen sie alle nach Herzenslust angreifen. Ich bin abgehärtet. Was die alten Spießer in Cambridge anbetrifft, so hat das wirklich nichts zu bedeuten. Ich betrachte ihre Attacken als einen Beweis dafür, daß sich unsere Arbeit gelohnt hat. Das treibt mich zu dem Entschluß, meinen Panzer umzuschnallen. Ich sehe ganz deutlich, daß es einen langen, harten Kampf geben wird. Aber denken Sie an Lyells Fortschritte in der Geologie. Eines sehe ich sehr klar, daß mein Buch ohne Lyells, Ihre, Huxleys und Carpenters Unterstützung nur ein Schlag ins Wasser gewesen wäre. Doch wenn wir alle bei der Stange bleiben, werden wir bestimmt den Sieg davontragen. Und ich erkenne jetzt, daß der Kampf der Mühe wert ist. Ich hoffe von Herzen, daß Sie genauso denken...

An Asa Gray

Down, 22. Mai [1860]

... Nun zur theologischen Seite der Frage. Dies ist mir immer peinlich. Ich bin verunsichert. Ich hatte nicht die Absicht, atheistisch zu schreiben. Aber ich gebe zu, daß ich nicht so deutlich, wie es andere sehen und wie ich es selbst gerne sehen würde, rings um uns her Beweise für Zweckbestimmung und Güte zu erkennen vermag. Es scheint mir zuviel Elend in der Welt zu geben. Ich kann mich nicht dazu überreden, daß ein gütiger und allmächtiger Gott mit Absicht die *Ichneumonidae* [Schlupfwespen] erschaffen haben würde mit dem ausdrücklichen Auftrag, sich im Körper lebender Raupen zu ernähren, oder daß eine

148

Katze mit Mäusen spielen soll. Da ich daran nicht glaube, sehe ich auch keine Notwendigkeit in dem Glauben, daß das Auge bewußt geplant war. Andererseits kann ich mich keineswegs damit abfinden, dieses wunderbare Universum und insbesondere die Natur des Menschen zu betrachten und zu folgern, daß alles nur das Ergebnis roher Kräfte sei. Ich bin geneigt, alles als das Resultat vorbestimmter Gesetze aufzufassen, wobei die Einzelheiten, ob gut oder schlecht, dem Wirken dessen überlassen bleiben, was wir Zufall nennen könnten. Nicht, daß mich diese Einsicht *im mindesten* befriedigte. Ich fühle zutiefst, daß das ganze Problem für den Intellekt des Menschen zu hoch ist. Ebensogut könnte ein Hund über den Geist Newtons spekulieren. Jeder Mensch soll hoffen und glauben, was er kann. Ganz gewiß stimme ich mit Ihnen überein, daß meine Anschauungen keineswegs notwendigerweise atheistisch sind. Der Blitz tötet einen Menschen, sei er gut oder schlecht, infolge des ungeheuer komplizierten Zusammenwirkens von Naturgesetzen. Ein Kind (das sich später als Idiot entpuppen kann) wird durch das Wirken von noch komplizierteren Gesetzen geboren, und ich vermag keinen Grund einzusehen, warum ein Mensch oder ein anderes Lebewesen ursprünglich nicht durch andere Gesetze hervorgebracht worden sein könnte und daß alle diese Gesetze ausdrücklich von einem allwissenden Schöpfer vorbestimmt sein sollten, der alle künftigen Ereignisse und Konsequenzen vorausgesehen hat. Doch je mehr ich darüber nachdenke, desto größer wird meine Verwirrung, wie ich wahrscheinlich schon mit diesem Brief bewiesen habe...

Aus Augenzeugenberichten über die Sitzung der British Association in Oxford (30. Juni 1860)[14]

Die Aufregung war gewaltig. Der Vorlesungssaal, den man für die Diskussion vorgesehen hatte, erwies sich als viel zu klein für die Zuhörerschaft, und die Versammlung zog in die Bibliothek

---

[14] Diese erste große öffentliche Auseinandersetzung über den Darwinismus ist ein denkwürdiges Ereignis der neueren Wissenschaftsgeschichte, vergleichbar dem Galilei-Prozeß von 1633. Der Oxforder Bischof Wilberforce, unterstützt durch eine Phalanx konservativer Theologen und Naturwissenschaftler, versuchte die Evolutionslehre ein für allemal zu erledigen. Daß dies nicht gelang, ist vor allem dem Mut und der Klugheit des jungen T. H. Huxley zu verdanken, der für den abwesenden Darwin in die Bresche sprang.

des Museums um, die schon lang vor dem Auftritt der Kämpen bis zum Ersticken überfüllt war. Man schätzte die Zahl der Zuhörer auf 700 bis 1000. Wäre Vorlesungszeit gewesen oder hätte man das allgemeine Publikum eingelassen, so wäre es unmöglich gewesen, den Ansturm derer zu bewältigen, welche die Redekunst des kühnen Bischofs erleben wollten. Professor Henslow, der Präsident der Sektion D, führte den Vorsitz und verkündete sehr weise gleich zu Anfang, daß niemand, der nicht triftige Argumente für die eine oder andere Seite vorzubringen habe, die Erlaubnis erhalten werde, zu der Versammlung zu sprechen – eine Vorsichtsmaßnahme, die sich als notwendig erwies, denn nicht weniger als vier Kombattanten mußte er das Wort abschneiden, weil sie sich in vagen Deklamationen ergingen.

Der Bischof war auf der Höhe und sprach eine volle halbe Stunde lang mit unnachahmlicher Lebhaftigkeit, Leerheit und Ungerechtigkeit. Seine Behandlung des Themas machte es offenkundig, daß er bis zum Hals vollgestopft war und daß er nichts aus erster Hand wußte; tatsächlich verwendete er kein Argument, das nicht schon in seinem ›Quarterly‹-Artikel zu finden wäre. Er machte Darwin auf schlimme und Huxley auf wütende Weise lächerlich, doch stets in so süßen Tönen, in einem so einschmeichelnden Stil und in so wohlgesetzten Wendungen, daß ich, der ich geneigt gewesen war, den Präsidenten für die Zulassung einer Diskussion zu tadeln, die keinen wissenschaftlichen Zweck erfüllen konnte, ihm jetzt von ganzem Herzen verzieh. Doch leider vergaß sich der Bischof, vom Strom der eigenen Beredsamkeit mitgerissen, so sehr, daß er seinen erstrebten Vorteil bis an den Rand der persönlichen Beleidigung trieb, und zwar in einer vielsagenden Passage, bei der er sich umdrehte und an Huxley wandte; ich habe die genauen Worte vergessen und zitiere nach Lyell. Der Bischof fragte, ob Huxley großväterlicher- oder großmütterlicherseits mit einem Affen verwandt sei. Huxley erwiderte auf die wissenschaftliche Argumentation seines Widersachers mit Kraft und Eloquenz und auf die persönliche Anspielung mit einer Selbstbeherrschung, die seiner vernichtenden Entgegnung besondere Würde verlieh.

»Ich habe behauptet, und ich wiederhole es, daß kein Mensch einen Grund hat, sich zu schämen, weil er einen Affen zum Großvater hat. Wenn es einen Vorfahren gäbe, dessen ich mich nur mit Scham erinnern würde, dann wäre es ein *Mensch,* ein

Mensch mit ruhelosem und wendigem Verstand, der sich, nicht zufrieden mit einem zweideutigen Erfolg in seinem eigenen Betätigungsfeld, in wissenschaftliche Fragen einmischt, mit denen er nicht wirklich vertraut ist, nur um sie durch eine ziellose Rhetorik zu verdunkeln und um die Aufmerksamkeit seiner Zuhörer durch eloquente Abschweifungen und geschickte Appelle an das religiöse Vorurteil vom eigentlichen Problem abzulenken.«

Die Aufregung erreichte damit ihren Höhepunkt; eine Dame fiel in Ohnmacht und mußte hinausgetragen werden, und es dauerte einige Zeit, bis die Diskussion wiederaufgenommen wurde. Einige Stimmen riefen nach Hooker, und als seine Wortmeldung vorlag, forderte der Präsident ihn auf, seine Auffassung der Theorie vom botanischen Standpunkt aus darzulegen. Das tat er dann auch, und er demonstrierte, daß der Bischof, wie er selbst bewiesen habe, die Grundgedanken der ›Entstehung [der Arten]‹ überhaupt nicht begriffen und nicht die geringste Ahnung von den Elementen der botanischen Wissenschaft habe. Der Bischof brachte keine Erwiderung vor, und die Versammlung löste sich auf.

An Thomas Henry Huxley

Sudbrook Park, Richmond, 3. Juli [1860]
... Ich habe aus Oxford einen Brief erhalten, den Hooker spät am Sonntagabend geschrieben hat und der einen kleinen Bericht über die furchtbaren Schlachten enthält, die in Oxford wegen der Arten getobt haben. Er erzählt mir, daß Sie sich tapfer mit Owen geschlagen (ich habe allerdings noch keine Einzelheiten erfahren) und dem B[ischof] von O[xford] großartig geantwortet haben. Ich denke oft, daß meine Freunde (und Sie allen weit voran) guten Grund hätten, mich zu hassen, weil ich so viel Schlamm aufgewühlt und sie in so viele häßliche Schwierigkeiten gebracht habe. Wenn ich ein Freund von mir selber wäre, würde ich mich bestimmt hassen. (Wie ich diesen Satz in gutes Englisch bringen kann, weiß ich nicht.) Doch vergessen Sie nicht: Wenn ich den Schlamm nicht aufgewühlt hätte, würde es gewiß schon bald ein anderer tun. Ich bewundere Ihren Schneid; ich wäre eher gestorben, als zu versuchen, dem Bischof in einer solchen Versammlung zu widersprechen ...

An Asa Gray

Down, 5. Juni [1861]

... Einige wenige, und ich bin einer von ihnen, wünschen zu Gott, obwohl dabei Millionen von Menschenleben geopfert werden müßten, daß die Nordstaaten einen Kreuzzug gegen die Sklaverei ausrufen möchten. Auf lange Sicht würde eine Million von schrecklichen Todesopfern im Dienste der Menschlichkeit reichlich vergolten werden ... Großer Gott! wie würde ich mich freuen, den größten Fluch auf Erden – die Sklaverei – ausgetilgt zu sehen ...[15]

An Joseph Dalton Hooker

Down [29. März 1863]

... Es wird noch einige Zeit vergehen, bis wir erkennen, daß »Schleim, Protoplasma etc.« ein neues Lebewesen erzeugen. Ich bedaure es jedoch schon seit langem, daß ich der öffentlichen Meinung nach dem Munde geredet und den aus dem Pentateuch stammenden Ausdruck der Schöpfung gebraucht habe, womit ich eigentlich nur »aufgetreten« infolge eines gänzlich unbekannten Prozesses meinte. Es ist einfach Unsinn, über den Ursprung des Lebens nachzudenken; genausogut könnte man über den Ursprung der Materie nachdenken ...

An Joseph Dalton Hooker

[Ende 1864]

... Wie liebenswürdig Sie sich zu der Medaille[16] geäußert haben; ja, ich bin wirklich mit vielen guten Freunden gesegnet, und ich habe vier oder fünf Briefe erhalten, die mir das Herz erwärmen. Ich wundere mich des öfteren, daß ein so schäbiger alter Hund wie ich noch nicht ganz vergessen ist. Apropos Medaillen, hat Falconer die Royal bekommen? Sie steht ihm

[15] Der nordamerikanische Bürgerkrieg von 1861 bis 1865 hatte beiden Seiten schwere Opfer abverlangt (über 600000 Tote). – 1863 proklamierte Lincoln die Befreiung aller Sklaven.

[16] Am 30. November 1864 wurde Darwin die Copley-Medaille verliehen, die höchste wissenschaftliche Auszeichnung Englands. Die »Royal«, die Medaille der Royal Society, hatte er bereits 1853 erhalten.

sicherlich zu, ebenso wie John Lubbock. Übrigens, der letztere hat mir erzählt, daß einige alte Mitglieder der Royal Society ganz schockiert sind, weil ich die Copley-Medaille bekommen habe. Wissen Sie, wer es ist?...

An Johann Victor Carus

Down, 10. November 1866

Sehr geehrter Herr,
Ich danke Ihnen für Ihren außergewöhnlich freundlichen Brief. Ich kann nicht zu stark meine Befriedigung darüber ausdrükken, daß Sie die Revision der neuen Ausgabe übernommen haben, und ich weiß die Ehre zu schätzen, die Sie mir erweisen. Ich befürchte, daß Sie sich damit eine beträchtliche Arbeit aufladen, nicht nur wegen der Ergänzungen, sondern weil ich vermute, daß Bronns Übersetzung sehr mangelhaft ist; jedenfalls habe ich in dieser Hinsicht Klagen von recht vielen Leuten gehört. Es wäre mir eine große Genugtuung, wenn ich wüßte, daß die Übersetzung wirklich gut wird, so, wie Sie sie zweifellos anfertigen werden. Entsprechend unserer englischen Praxis sind Sie durchaus berechtigt, Bronns Anhang wegzulassen, und ich wäre sogar sehr froh über diese Weglassung. Eine neue Ausgabe sollte als ein neues Werk betrachtet werden ... Sie können von sich aus alles hinzufügen, was Ihnen beliebt, und es wird mir ganz recht sein. Sollten Sie irgendwelche Zusätze machen oder Anmerkungen beifügen, so scheint mir, daß es sich lohnt, Nägelis ›Entstehung und Begriff etc.‹[17] als eine der besten Abhandlungen zum Thema zu beachten ...

An Ernst Haeckel

Down, 21. Mai 1867

Lieber Haeckel,
Ihr Brief vom 18. hat mir große Freude gemacht, denn Sie haben meine Worte in der liebenswürdigsten und herzlichsten Weise aufgenommen. Zum Teil haben Sie das, was ich gesagt

[17] ›Entstehung und Begriff der Naturhistorischen Art‹, Rede, gehalten bei der öffentlichen Sitzung der Königlich-bayerischen Akademie der Wissenschaften in München am 28. März 1865.

habe, viel stärker aufgefaßt, als ich es gemeint hatte. Es ist mir nie auch nur einen Augenblick in den Sinn gekommen, daran zu zweifeln, daß Ihr Werk, in dem das ganze Thema so bewundernswert und klar abgehandelt wird und das durch so viele neue Fakten und Argumente abgestützt ist, unserer gemeinsamen Sache im höchsten Maße förderlich sein wird. Ich meine nur, daß Sie Ärger erregen werden und daß Ärger jedermann so vollkommen verblendet, daß Ihre Argumente keine Chance haben dürften, diejenigen zu beeinflussen, die bereits gegen unsere Anschauungen eingestellt sind. Darüber hinaus gefällt es mir gar nicht, daß Sie, dem ich mich so freundschaftlich verbunden fühle, sich unnötig Feinde machen; es gibt in der Welt schon Leiden und Ärgernisse genug, ohne daß noch neue geschaffen werden. Ich wiederhole jedoch, daß ich keinen Zweifel habe, daß Ihr Werk unserem Thema sehr förderlich sein wird, und ich wünsche von Herzen, es könnte ins Englische übersetzt werden, mir und anderen zuliebe. Was Ihre Bemerkung angeht, daß ich die Einwände gegen meine eigenen Ansichten zu stark betone, so meinen auch einige meiner englischen Freunde, daß ich in dieser Hinsicht einen Fehler gemacht habe; doch die Wahrheit zwang mich, das zu schreiben, was ich geschrieben habe, und ich neige zu der Auffassung, daß ich richtig gehandelt habe. Der Glaube an die Abstammungslehre breitet sich in England allmählich aus, selbst bei jenen, die keinen Grund für ihren Glauben angeben können ...

Victor Carus wird mein Buch übersetzen, doch ob es einer Übersetzung würdig ist, bezweifle ich ein wenig. Ich höre mit großer Freude, daß einige Aussicht besteht, daß Sie in diesem Herbst England besuchen werden, und alle im Haus werden entzückt sein, Sie hier zu sehen.

Ich verbleibe, mein lieber Haeckel,
Ihr aufrichtig ergebener
Charles Darwin

An Joseph Dalton Hooker

3. Februar [1868]

... Über das, was Sie über meine Einleitung sagen, habe ich mich sehr gefreut; nachdem sie in Satz war, war ich sehr nahe daran, das Ganze zu streichen. Eine Zeitlang bin ich über mein Buch [›The Variation of Animals and Plants under Domestica-

154

tion‹] ganz verzweifelt gewesen, und wenn ich nur ein paar Seiten zu lesen versuche, wird mir fast übel, aber das soll Sie nicht verleiten, es zu loben; denn ich bin zu der Einsicht gekommen, daß es nicht den fünften Teil der ungeheuren Arbeit wert ist, die es mich gekostet hat ... Der Teufel hole das ganze Buch, und dennoch bin ich wieder so hart an der Arbeit, wie es mir nur möglich ist. Es ist wirklich ein großes Übel, daß mir aus Gewohnheit außer der Naturgeschichte kaum etwas anderes Freude macht, denn nichts sonst läßt mich mein immer wiederkehrendes Unbehagen vergessen. Aber ich darf nicht noch mehr jammern, und die Kritiker mögen sagen, was sie wollen; ich habe mein Bestes getan, und mehr kann ein Mensch nicht tun. Was für eine herrliche Betätigung wäre doch die Naturgeschichte, wenn sie nur im Beobachten und nicht im Schreiben bestünde! ...

An Wilhelm Preyer

31. März 1868

... Ich bin entzückt zu erfahren, daß Sie die Lehre von der Modifikation der Arten billigen und meine Anschauungen verteidigen. Die Unterstützung, die ich von Deutschland aus erhalte, ist für mich der Hauptgrund für die Hoffnung, daß unsere Ansichten sich schließlich durchsetzen werden. Bis zum heutigen Tag werde ich von Schriftstellern in meinem eigenen Land beschimpft oder mit Verachtung gestraft; die jüngeren Naturforscher sind jedoch fast alle auf meiner Seite, und früher oder später muß die Öffentlichkeit denen folgen, die sich speziell dem Studium dieses Problems widmen. Das Geschimpfe und die Verachtung schreibender Ignoranten verletzen mich sehr wenig ...

An Ernst Haeckel

Down, 19. November [1868]

Mein lieber Haeckel,
Ich muß Ihnen abermals schreiben, aus zwei Gründen. Erstens, um Ihnen für Ihren Brief über Ihr Baby zu danken, der uns beide, meine Frau und mich, regelrecht bezaubert hat; ich gratuliere Ihnen herzlich zu seiner Geburt. Ich erinnere mich, daß

Ernst Haeckel

es mich sehr überrascht hat, wie früh sich in meinem Falle die väterlichen Instinkte entwickelten, und bei Ihnen scheinen sie ungewöhnlich stark ausgeprägt zu sein ... Ich hoffe, die großen blauen Augen und das Prinzip der Vererbung werden dafür sorgen, daß Ihr Kind ein ebenso guter Naturforscher wird, wie Sie es selbst sind; aber nach meiner eigenen Erfahrung zu urteilen, werden Sie mit Erstaunen entdecken, wie sehr sich die geistige Veranlagung Ihrer Kinder mit fortschreitenden Jahren ändert. Ein kleines Kind und dasselbe, wenn es fast erwachsen ist, unterscheiden sich manchmal beinahe so stark wie eine Raupe und ein Schmetterling.

Der zweite Punkt ist, Ihnen zu der geplanten Übersetzung Ihres großen Werkes[18] zu gratulieren, von der mir Huxley letzten Sonntag erzählt hat ... Huxley berichtet mir, daß Sie mit der Weglassung und Kürzung einiger Teile einverstanden seien, und ich bin überzeugt, daß das sehr weise ist. Da ich weiß, daß

---

[18] ›Generelle Morphologie der Organismen‹ (1866). Die englische Übersetzung ist nicht zustande gekommen.

es Ihre Absicht ist, das Publikum zu unterrichten, werden Sie auf diese Weise bestimmt sehr viel mehr Leser in England gewinnen. Ich glaube tatsächlich, daß fast jedes Buch durch Straffung verbessert werden kann. Ich habe sehr viel in Ihrem letzten Buch[19] gelesen, und der Stil ist wunderschön klar und leicht für mich; doch wieso es sich in dieser Hinsicht von Ihrem großen Werk unterscheiden soll, leuchtet mir nicht ein. Ich habe den ersten Teil noch nicht gelesen, sondern begann mit dem Kapitel über Lyell und mich, das mir, wie Sie sich leicht vorstellen können, *sehr gut* gefallen hat ... Ihre Kapitel über die Verwandtschaftsbeziehungen und die Genealogie des Tierreichs empfinde ich als bewundernswert und voll origineller Gedanken. Ihre Kühnheit läßt mich jedoch zuweilen erbeben, aber, wie Huxley bemerkte, irgend jemand muß eben kühn genug sein und einen Anfang machen, indem er Stammbäume entwirft ...

An Ray Lankester

22. März 1871

... Sie fragen mich nach meiner Meinung über die Vivisektion.[20] Ich bin durchaus einverstanden, daß sie für echte physiologische Forschungen gerechtfertigt werden kann, nicht aber für die bloße Befriedigung einer verdammenswerten und verwerflichen Neugierde. Das ist eine Sache, bei der mir vor Entsetzen ganz übel wird; deshalb will ich kein Wort mehr darüber sagen, denn sonst kann ich heute nacht nicht schlafen ...

An einen holländischen Studenten

[2. April 1873]

... Es ist unmöglich, Ihre Frage kurz zu beantworten, und ich bin nicht sicher, ob ich es könnte, selbst wenn ich ziemlich ausführlich schriebe. Doch ich möchte sagen, daß die Unmöglichkeit, sich vorzustellen, dieses großartige und wunderbare Universum samt uns bewußten Wesen sei durch Zufall entstanden, mir das Hauptargument für die Existenz Gottes zu sein

---

[19] ›Natürliche Schöpfungsgeschichte‹ (1868).
[20] Versuche an lebenden Tieren.

scheint; ob aber dies ein Argument von wirklichem Wert ist, habe ich nie zu entscheiden vermocht. Ich weiß sehr wohl, daß auch dann, wenn wir eine erste Ursache annehmen, der Geist noch immer zu wissen verlangt, woher sie stammt und wie sie entstand. Ich kann auch nicht die Schwierigkeit übersehen, die sich aus der riesigen Summe des Leids überall in der Welt ergibt. Ich bin überdies geneigt, mich bis zu einem gewissen Grade dem Urteil der vielen trefflichen Männer zu beugen, die uneingeschränkt an Gott glauben; aber auch hier erkenne ich wieder, wie schwach dieses Argument ist. Die sicherste Schlußfolgerung scheint mir zu sein, daß die ganze Frage das Fassungsvermögen des menschlichen Intellekts übersteigt; aber der Mensch kann seine Pflicht tun . . .

Aussagen zur Person[21]

Schulbildung	Wie wurden Sie unterrichtet?	Ich halte dafür, daß ich mir alles einigermaßen Brauchbare selbst beigebracht habe.
	Der Beobachtungsgabe förderlich oder abträglich?	Der Beobachtungsgabe abträglich, da fast ausschließlich humanistisch ausgerichtet.
	Der Gesundheit förderlich oder nicht?	Ja.
	Besondere Vorzüge?	Ganz und gar keine.
	Hauptsächliche Mängel?	Keine Mathematik oder neuere Sprachen, auch keinerlei Anleitung zum Beobachten oder Schlußfolgern.

Hat der religiöse Glaube, in dem Sie in der Jugend unter- Nein.

[21] Im Mai 1873 füllte Darwin den folgenden »Fragebogen« aus, der ihm von Francis Galton zugesandt worden war und der 1874 in dessen Buch ›English Men of Science, their Nature and Nurture‹ abgedruckt wurde.

wiesen wurden, irgendeine abschreckende Wirkung auf die Freiheit Ihrer Forschungen gehabt?

Erscheinen Ihnen Ihre wissenschaftlichen Neigungen angeboren?

Sicherlich angeboren.

Wurden sie durch bestimmte Ereignisse, und wenn ja, durch welche, entscheidend beeinflußt?

Meine angeborene Neigung zur Naturgeschichte wurde durch die Reise mit der »Beagle« nachhaltig gefestigt und ausgerichtet.

Gedächtnis?

Gedächtnis für Daten und für das Auswendiglernen sehr schlecht, aber gut im Bewahren einer allgemeinen oder vagen Erinnerung an vielerlei Fakten.

Studiereifer?

Sehr eifrig, aber keine großen Erfolge.

Unabhängigkeit des Urteils?

Ich glaube, ziemlich unabhängig, doch ich kann dafür keine Belege anführen. Ich habe den landläufigen religiösen Glauben fast unabhängig von meinen eigenen Überlegungen aufgegeben.

Originalität oder Exzentrizität?

N. N. glaubt, das trifft auf mich zu; ich glaube das nicht – d. h. was die Exzentrizität angeht. Ich nehme an, daß ich in der Wissenschaft Originalität bewiesen habe, da ich Entdeckungen in bezug auf alltägliche Dinge gemacht habe.

Besondere Talente?

Keine, außer für das Geschäftliche, wie sich durch Buchführung, Erledigung der

	Korrespondenz und sehr gute Geldanlagen beweisen läßt. Sehr methodisch in all meinen Gewohnheiten.
Stark ausgeprägte geistige Eigenschaften, die für den wissenschaftlichen Erfolg wichtig sind und oben noch nicht genannt wurden?	Beständigkeit – große Wißbegierde in bezug auf Fakten und deren Bedeutung. Eine gewisse Liebe für das Neue und Wunderbare.
	NB. Ich empfinde es als ganz unmöglich, meinen Charakter nach Ihren Maßstäben einzuschätzen.
Nennen Sie irgendwelche Interessen, denen Sie sich besonders aktiv gewidmet haben.	Naturwissenschaft und in der Jugend leidenschaftlich gerne Jagen und Fischen.
Religion?	Nominell der anglikanischen Kirche angehörig.
Politik?	Liberal oder radikal.
Gesundheitszustand?	In der Jugend gut – seit 33 Jahren schlecht.

Größe usw.?	Größe?	Gestalt?	Hutmaß?
	6 Fuß [1,83 m]	Mager, in der Jugend ziemlich kräftig	22 ¼ Zoll [56,5 cm]

	Haarfarbe?	Gesichtsfarbe?
	Braun	Ziemlich fahl

Temperament?	Etwas nervös.
Körperliche Energie usw.?	Energie, die sich in großer Aktivität zeigt, und solange ich noch gesund war, die Fähigkeit, der Ermüdung zu wi-

	derstehen. Ich und ein weiterer Mann waren allein imstande, Wasser zu holen für eine große Zahl von Offizieren und Matrosen, die völlig erschöpft waren. Einige meiner Expeditionen in Südamerika waren abenteuerlich. Frühaufsteher.
Geistige Energie usw.?	Bewiesen durch angestrengte und lang anhaltende Arbeit an einem Thema, z.B. 20 Jahre an der ›Entstehung der Arten‹ und 9 Jahre an den ›Cirripedien‹.

An Leonard Jenyns

[März 1877]

... Sie fragen mich nach meiner künftigen Arbeit; ich bezweifle, ob ich imstande sein werde, noch viel Neues zu bewältigen, und ich halte mir stets das Beispiel des armen alten N. N. vor die Seele, der im hohen Alter von einer Schreibwut besessen war. Aber ich kann es nicht ertragen, nichts zu tun, und so werde ich vermutlich so lange weiterarbeiten, wie ich kann, ohne mich lächerlich zu machen. Ich habe einen großen Haufen Material, das sich auf die Variabilität in der Natur bezieht, doch seit dem Erscheinen der ›Entstehung der Arten‹ ist so viel veröffentlicht worden, daß ich stark bezweifle, ob ich die geistige und körperliche Kraft behalte, diesen Haufen zu einem durchgeformten Ganzen zu reduzieren. Ich denke manchmal daran, es zu versuchen, habe aber Angst vor dem Unterfangen ...

An einen deutschen Studenten

[1879]

... Ich bin sehr beschäftigt, ein alter Mann und bei schlechter Gesundheit, und ich kann nicht die Zeit erübrigen, Ihre Fragen vollständig zu beantworten – und sie können eigentlich überhaupt nicht beantwortet werden. Die Wissenschaft hat nichts mit Christus zu tun, allenfalls insofern, als die Gewohnheit der wissenschaftlichen Forschung einen Mann zur Vorsicht bei der Anerkennung von Beweisen veranlaßt. Was mich selbst angeht, so glaube ich nicht, daß es jemals irgendeine Offenbarung gegeben hat. Hinsichtlich eines zukünftigen Lebens muß jedermann selbst zwischen widerstreitenden unbestimmten Wahrscheinlichkeiten entscheiden ...[22]

An Dr. Scherzer

Down, 26. Dezember 1879

... Was für eine törichte Vorstellung scheint in Deutschland über den Zusammenhang zwischen Sozialismus und der Evolution durch natürliche Auslese zu herrschen ...

An Alfred Russel Wallace

[Juli 1881]

... Wir sind soeben heimgekehrt, nachdem wir fünf Wochen am Ullswater-See verbracht haben; die Landschaft ist ganz reizend, aber ich kann nicht spazierengehen, und alles ermüdet mich, selbst die Betrachtung der Landschaft ... Was ich mit meinen wenigen noch verbleibenden Lebensjahren anfangen werde, vermag ich kaum zu sagen. Ich habe alles, was mich glücklich und zufrieden macht, doch das Leben ist für mich sehr beschwerlich geworden...

Darwins letzte Tage, beschrieben von seinem Sohn Francis

In den ersten Apriltagen trat keine besondere Veränderung ein, doch am Samstag, dem 15., hatte er einen Schwindelanfall, während er beim Abendessen saß, und bei dem Versuch, sein Sofa zu erreichen, wurde er ohnmächtig. Am 17. ging es ihm wieder besser, und während meiner zeitweiligen Abwesenheit machte

[22] Dies ist offenbar die einzige Äußerung Darwins, in der die Anwendung der biologischen Entwicklungslehre auf die sozialen Verhältnisse (»Sozialdarwinismus«) angedeutet und verworfen sind.

er Aufzeichnungen über den Fortgang eines Experiments, mit dem ich mich befaßte. In der Nacht des 18. April, ungefähr ein Viertel vor zwölf, hatte er einen schweren Anfall und fiel in Ohnmacht, aus der er mit großer Mühe ins Bewußtsein zurückgerufen wurde. Er schien die Nähe des Todes zu erkennen und sagte: »Ich fürchte mich nicht im geringsten vor dem Sterben.« Den ganzen folgenden Morgen litt er unter schrecklicher Übelkeit und Mattigkeit und konnte sich kaum noch einmal aufraffen, bis das Ende kam.

Er starb ungefähr um vier Uhr am Mittwoch, dem 19. April 1882, im vierundsiebzigsten Lebensjahr.

1809   Charles Robert Darwin wird als Sohn des Arztes
            Dr. Robert Waring Darwin und dessen Frau Susan-
            nah am 12. Februar in Shrewsbury geboren.

1817   Tod der Mutter. Charles besucht die »Tagesschule«
            von Mr. Chase.

1818–1825   Besuch der Boarding School von Dr. Butler in
            Shrewsbury.

1825–1827   Medizinstudium in Edinburgh.

1828–1831   Theologiestudium in Cambridge. Beginn der
            Freundschaft mit dem Theologen und Botanikpro-
            fessor Henslow. Geologische Exkursion mit Profes-
            sor Sedgwick in Nordwales.

1831–1836   Weltreise mit dem Vermessungsschiff »Beagle«
            (27. Dezember 1831 bis 2. Oktober 1836): Kapver-
            den, Brasilien, Feuerland, Falkland-Inseln, Argenti-
            nien, Chile, Galapagos-Inseln, Tahiti, Neuseeland,
            Australien, Tasmanien, Keeling-Insel, Mauritius,
            Kapstadt, Ascension, Bahia, Falmouth.

1836   Im Dezember nach Cambridge zur Aufarbeitung
            der geologischen Fundstücke.

1837   Im März Übersiedlung nach London, Great Marl-
            borough Street 36. Erste Aufzeichnungen zum Pro-
            blem der Veränderlichkeit der Arten.

1839   Hochzeit mit Emma Wedgwood am 29. Januar.
            (Aus der Ehe gehen zehn Kinder hervor.) Das Ehe-
            paar Darwin bezieht ein Haus in der Londoner Go-
            wer Street.

1842   Mit finanzieller Hilfe seines Vaters erwirbt Darwin
            Down House bei der Ortschaft Downe im Südosten
            Londons. Übersiedlung dorthin am 14. September.
            Erster Entwurf der Evolutionstheorie.

1843   Tod des Schwiegervaters Josiah Wedgwood.

1844	Ausarbeitung des Entwurfs zu einem »Essay« über die Entstehung der Arten.
1848	Tod des Vaters am 13. November.
1858	Darwin erhält von A. R. Wallace dessen Aufsatz ›On the Tendency of Varieties to depart indefinitely from the Original Type‹, der ihm den entscheidenden Anstoß zur Veröffentlichung seiner eigenen Arten-Theorie gibt. Der Wallace-Aufsatz wird zusammen mit einem Auszug aus Darwins Buchmanuskript der Linnean Society vorgelegt, ohne besonderes Aufsehen zu erregen.
1859	Die erste Ausgabe von ›On the Origin of Species‹ erscheint am 24. November.
1871	›The Descent of Man‹ erscheint.
1876	Darwin schreibt seine Autobiographie für seine Kinder nieder.
1882	Am 19. April stirbt Darwin in Down House. Der Leichnam wird am 26. April in der Londoner Westminster Abbey feierlich beigesetzt.

Literaturhinweise

Bibliographien

Darwin, Francis (Hrsg.): Leben und Briefe von Charles Darwin. Aus dem Englischen übersetzt von J. Victor Carus. Stuttgart 1887, Band III, Anhang II, S. 348–359

Freeman, Richard Broke: The Works of Charles Darwin. An annotated bibliographical Handlist. London 1965

Darwins Hauptwerke
Originalausgaben und deutsche Übersetzungen

Narrative of the Surveying Voyages of Her Majesty's Ships »Adventure« and »Beagle« between the Years 1826 and 1836, Describing their Examination of the Southern Shores of South America, and the »Beagle's« Circumnavigation of the Globe. Vol. III: Journal and Remarks, 1832–1836. By Charles Darwin. London 1839. – Endgültige Ausgabe unter dem Titel: A Naturalist's Voyage. Journal of Researches into the Natural History and Geology of the Countries Visited during the Voyage of H. M. S. »Beagle« round the World, under the Command of Capt. Fitz-Roy. R. N. London 1860
Übersetzung: Reise eines Naturforschers um die Welt. Übersetzt von J. Victor Carus, Stuttgart 1875. – Bearbeitete Neuausgabe von Irma Bühler. Stuttgart o. J. [1962]

Zoology of the Voyage of H. M. S. »Beagle«. Edited and superintended by Charles Darwin. Part I–V. London 1839 – 1843

The Structure and Distribution of Coral Reefs. London 1842
Übersetzung: Über den Bau und die Verbreitung der Corallen-Riffe. Nach der 2. durchgesehenen Auflage von 1874 übersetzt von J. Victor Carus, Stuttgart 1876

A Monograph of the Sub-class Cirripedia, with Figures of all the Species. London 1851

On the Origin of Species by Means of Natural Selection, or the Preservation of Favoured Races in the Struggle for Life. London 1859
Übersetzung: Über die Entstehung der Arten im Thier- und Pflanzen-Reich durch natürliche Züchtung, oder Erhaltung der vervollkommneten Rassen im Kampfe um's Daseyn. Übersetzt von Dr. Heinrich Georg Bronn, Stuttgart 1860. – Über die Entstehung der Arten durch natürliche Zuchtwahl oder die Erhaltung der begünstigten Rassen im Kampfe um's Dasein. Nach der 4. englischen Ausgabe übersetzt von J. Victor Carus, Stuttgart 1867. – Neuausgabe, durchgesehen und eingeleitet von Gerhard Heberer, Stuttgart 1966. – Die Entstehung der Arten durch natürliche Zuchtwahl. Übersetzt von C. W. Neumann, Stuttgart 1963

On the various contrivances by which Orchids are fertilised by Insects. London 1862
Übersetzung: Die verschiedenen Einrichtungen, durch welche Orchideen von Insecten befruchtet werden. Übersetzt von J. Victor Carus, Stuttgart 1877

The Movements and Habits of Climbing Plants. London 1867
Übersetzung: Die Bewegungen und Lebensweise der kletternden Pflanzen. Übersetzt von J. Victor Carus, Stuttgart 1876

The Variation of Animals and Plants under Domestication. London 1868
Übersetzung: Das Variiren der Thiere und Pflanzen im Zustande der Domestication. Übersetzt von J. Victor Carus, Stuttgart 1868

The Descent of Man, and Selection in Relation to Sex. 2 Bände, London 1871
Übersetzung: Die Abstammung des Menschen und die geschlechtliche Zuchtwahl. Übersetzt von J. Victor Carus, Stuttgart 1871. – Neuausgabe, durchgesehen und eingeleitet von Gerhard Heberer, Stuttgart 1966

The Expression of the Emotions in Man and Animals. London 1872
Übersetzung: Der Ausdruck der Gemüthsbewegungen bei dem Menschen und den Thieren. Übersetzt von J. Victor Carus, Stuttgart 1872. – Neuausgabe unter dem Titel: Der Ausdruck der Gefühle bei Mensch und Tier. Ausgewählt und kommentiert von Ulrich Beer, Düsseldorf o. J.

Insectivorous Plants. London 1875
Übersetzung: Insectenfressende Pflanzen. Übersetzt von J. Victor Carus, Stuttgart 1876

The different Forms of Flowers on Plants of the same Species. London 1877
Übersetzung: Die verschiedenen Blüthenformen an Pflanzen der nämlichen Art. Übersetzt von J. Victor Carus, Stuttgart 1877

The Power of Movement in Plants. Unter Mitwirkung von Francis Darwin. London 1880
Übersetzung: Das Bewegungsvermögen der Pflanzen. Übersetzt von J. Victor Carus, Stuttgart 1881

The Foundation of the Origin of Species. Two Essays written in 1842 und 1844 by Charles Darwin. Herausgegeben von Francis Darwin. Cambridge 1909
Übersetzung: Die Fundamente zur Entstehung der Arten. Übersetzt von Maria Semon. Leipzig und Berlin 1911. – Durchgesehene Neuausgabe: Essay zur Entstehung der Arten. Mit einer Einführung herausgegeben von Heribert M. Nobis. München 1971

The Autobiography of Charles Darwin. Vollständige Ausgabe von Nora Barlow. London 1958
Übersetzung: Charles Darwin – Autobiographie. Herausgegeben von S[amuil] L['vovič] Sobol. Übersetzt von Rolf Feurich. Leipzig/Jena 1959

Auswahlübersetzungen

Charles Darwin: Eine Auswahl aus seinem Werk. Ausgewählt, übertragen und mit Kommentaren versehen von Walter von Wyss. Bern und Stuttgart 1965. – Taschenbuchausgabe: Ausgewählte Schriften. München o. J.

Die Reise von Charles Darwin. Eine Auswahl aus seinen Schriften, zusammengestellt von Christopher Ralling. Wiesbaden 1979

Charles Darwin – Biologie in neuem Licht. Herausgegeben und kommentiert von Leo Hauska. Gütersloh 1980

Zu Darwins Leben und Werk

Darwin, Francis (Hrsg.): Life and Letters of Charles Darwin. 3 Bände, London 1887. (Dt.: Leben und Briefe von Charles Darwin. Übersetzt von J. Victor Carus, 3 Bände, Stuttgart 1887)

Darwin, Francis und Albert Charles Seward (Hrsg.): More Letters of Charles Darwin. 2 Bände, London 1903

Barlow, Nora: Charles Darwin's Diary of the Voyage of H. M. S. Beagle. Cambridge 1933

Barlow, Nora: Charles Darwin and the Voyage of the Beagle. London 1945

de Beer, Gavin: Charles Darwin. A Scientific Biography. Oxford 1958

Wyss, Walter von: Charles Darwin. Ein Forscherleben. Zürich und Stuttgart 1958

Heberer, Gerhard: Charles Darwin. Sein Leben und sein Werk. Stuttgart 1959

Wichler, Gerhard: Charles Darwin. Der Forscher und der Mensch. München/Basel 1963

Hemleben, Johannes: Charles Darwin in Selbstzeugnissen und Bilddokumenten. Reinbek 1968

Moorehead, Alan: Darwin and the Beagle. London 1969

Zirnstein, Gottfried: Charles Darwin. Leipzig 1975

Allan, Mea: Darwin and His Flowers. London 1977 (dt.: Darwins Leben für die Pflanzen. Düsseldorf 1980)

Stone, Irving: The Origin. A Biographical Novel of Charles Darwin. London 1981 (dt.: Der Schöpfung wunderbare Wege. Das Leben von Charles Darwin. München 1981)

Zum Darwinismus und zur Evolutionslehre

Historisch wichtige Darstellungen

Haeckel, Ernst: Über die Entwicklungslehre Darwins. Vortrag, gehalten in Stettin 1863

Müller, Fritz: Für Darwin. Leipzig 1864

Büchner, Louis: Die Darwin'sche Theorie. Leipzig 1868

Hartmann, Ed. von: Wahrheit und Irrtum im Darwinismus. Berlin 1875

Schmidt, Oscar: Descendenzlehre und Darwinismus. Leipzig 1875

Fleischmann, A.: Die Deszendenztheorie. Leipzig 1901

Neuere Literatur

Heberer, Gerhard: Was heißt heute Darwinismus? 2. neubearbeitete Auflage, Göttingen 1960

Heberer, Gerhard und Franz Schwanitz (Hrsg.): Hundert Jahre Evolutionsforschung. Das wissenschaftliche Vermächtnis Charles Darwins. Suttgart 1960

Savage, Jay Mathers: Evolution. München 1963

Moore, Ruth: Die Evolution, Amsterdam 1964

Lorenz, Konrad: Darwin hat recht gesehen. Pfullingen 1965

de Beer, Gavin: Bildatlas der Evolution. München 1966

Hölder, Helmut: Naturgeschichte des Lebens von seinen Anfängen bis zum Menschen. Berlin 1968

Querner, Hans et al.: Vom Ursprung der Arten. Reinbek 1969

Grzimek, Bernhard (Hrsg.): Grzimeks Buch der Evolution. München 1973

Riedl, Rupert: Die Strategie der Genesis. München 1976

Remane, Adolf et al.: Evolution. Tatsachen und Probleme der Abstammungslehre. 3. durchgesehene Auflage, München 1976

Erben, Heinrich K.: Die Entwicklung der Lebewesen. Spielregeln der Evolution. München 1976

Rensch, Bernhard: Das universale Weltbild. Evolution und Naturphilosophie. Frankfurt 1977

Kull, Ulrich: Evolution. Stuttgart 1977

Dzwillo, Michael: Prinzipien der Evolution. Phylogenetik und Systematik. Stuttgart 1978

Ditfurth, Hoimar von (Hrsg.): Evolution I/II. Ein Querschnitt durch die Forschung. Hamburg 1975/78

Attenborough, David: Das Leben auf unserer Erde. Vom Einzeller zum Menschen. Hamburg 1979

Illies, Joachim: Schöpfung oder Evolution. Osnabrück 1979

Stebbins, G. Ledyard: Evolutionsprozesse. 2. neubearbeitete Auflage. Stuttgart 1980

Wahlert, Gerd und Heidi von: Was Darwin noch nicht wissen konnte. München 1981

Altner, Günter (Hrsg.): Der Darwinismus. Die Geschichte einer Theorie. Darmstadt 1981

Lyell, Charles (1797–1875), Geologe, Freund Darwins, Verfasser des Standardwerks ›Principles of Geology‹ 10, 27, 61, 65f., 77ff., 87, 92ff., 97f., 120, 122, 129, 135f., 139–143, 145, 148, 150, 157

Macaulay, Thomas (1800–1859), Historiker und Politiker 27, 85ff.

Macgillivray, William (1796–1852), Zoologe in Edinburgh, seit 1841 in Aberdeen 42

Mackintosh, Sir James (1765–1832), Philosoph und Historiker 44, 52

Malthus, Thomas Robert (1766–1834), Sozialforscher, Verfasser des Werkes ›An Essay on the Principle of Population‹ (1795), in dem er das Elend seiner Zeit auf das rasche Bevölkerungswachstum zurückführt 93

Miller, William Hallowes (1801–1880), Professor für Mineralogie in Cambridge 65

Milman, Henry Hart (1791–1868), Theologe, Schriftsteller und Historiker 85

Milnes, Richard Monckton (1809–1885), Schriftsteller und Politiker 86

Milton, John (1608–1674), Dichter 67, 108

Mivart, St. George Jackson (1827–1900), Zoologe und Anatom 98

Monro, Alexander (1773–1859), von 1800 bis 1848 Anatomieprofessor in Edinburgh 38

Motley, John Lothrop (1814–1877), amerikanischer Historiker 86

Müller, Fritz (1821–1897), deutscher Zoologe, stellte 1864 das Biogenetische Grundgesetz auf, einer der ersten Anhänger des Darwinismus 98

Müller, Hermann (1829–1883), deutscher Botaniker, Verfasser von ›Die Befruchtung der Blumen durch Insekten‹ (1873) 104

Murchison, Roderick Impey (1792–1871), Geologe, Präsident der Geological Society 1843 79f., 83

Murray, John (1808–1892), Darwins Verleger 143f.

Nägeli, Karl Wilhelm (1817–1891), Schweizer Botaniker, Professor in Freiburg, Zürich und (seit 1858) in München 153

Newton, Sir Isaac (1643–1727), Physiker und Mathematiker 8

Owen, Richard (1804–1892), Anatom, Zoologe und Paläontologe, zunächst Mitarbeiter Darwins, dann sein erbitterter Gegner 81f., 151

Paley, William (1743–1805), Hauptvertreter der utilitaristischen »natürlichen Theologie« 47, 69

Preyer, Wilhelm Thierry (1841–1897), 1869 bis 1893 Professor der Physiologie in Jena, Begründer der modernen Kinderpsychologie 155

Reynolds, Joshua (1723–1792), Maler und Kunsttheoretiker 48

Saint-Hilaire siehe Geoffroy Saint-Hilaire

Scherzer, Karl Ritter von (1821–1903), österreichischer Forschungsreisender 162

Schweizerbart, Darwins deutscher Verleger 146f.

Scott, Sir Walter (1771–1832), populärster englischer Schriftsteller seiner Zeit 35, 41

Sebastiano del Piombo (um 1485–1547), italienischer Maler aus dem Kreis um Raffael und Michelangelo 48

Sedgwick, Adam (1785–1873), Geologieprofessor in Cambridge, Darwins väterlicher Freund 47, 54ff., 64f., 79, 164

Shakespeare, William (1564–1616) 35, 108

Shelley, Percy Bysshe (1792–1822) 108

Smith, Sydney (1771–1845), Theologe und Literat, berühmt als geistreicher Unterhalter 85f.

Spencer, Herbert (1820–1903), Philo-

Mensch und Kosmos

Werner Heisenberg:
Der Teil und das Ganze
Gespräche im Umkreis
der Atomphysik
dtv 903

Jost Herbig:
Kettenreaktion
Das Drama
der Atomphysiker
dtv 1436

Steven Weinberg:
Die ersten drei Minuten
Der Ursprung
des Universums
dtv 1556

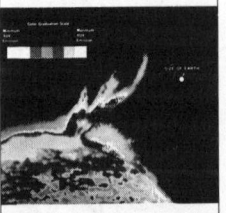

Otto Heckmann:
Sterne, Kosmos,
Weltmodelle
Erlebte Astronomie
dtv 1600

Hoimar v. Ditfurth:
Im Anfang war
der Wasserstoff
dtv 1657

P. Teilhard de Chardin:
Der Mensch im Kosmos
dtv 1732